JN177094

ポピュリズムとは何か

ポピュリズムとは何か

ヤン＝ヴェルナー・ミュラー 著 Jan - Werner Müller
板橋拓己 訳 Takumi Itabashi

WHAT IS POPULISM?

WHAT IS POPULISM?
by Jan-Werner Müller

Copyright © 2016 by Jan-Werner Müller
Japanese edition preface copyright © 2017 by Jan-Werner Müller

First published 2016 as *Was ist Populismus?* by Suhrkamp Verlag, Berlin.
English edition published 2016 by the University of Pennsylvania Press, Philadelphia.
This Japanese edition, translated based on the English edition,
published 2017 by Iwanami Shoten, Publishers, Tokyo
by arrangement with The Wylie Agency (UK) Ltd, London.

This book is based on a lecture delivered at
IWM-Vorlesungen zu den Wissenschaften vom Menschen 2014.
Das Institut für die Wissenschaften vom Menschen (IWM)
is an independent, international institute for advanced studies based in Vienna.

日本語版への序文（二〇一七年一月）

本書は二〇一六年夏に出版されたが、それからいくつかの出来事があった。それらは、ポピュリズムをどう考えるか――そして、ポピュリズムとどう闘うか――についてのさらなる教訓を含んでいるように思われる。

ドナルド・トランプの大統領就任演説の起草者が、ポピュリズムの教科書に一次資料を提供することを意図していたならば、その目論見は見事に成功したと結論せざるをえない。演説を聴いた者が、いままさに合衆国は外部の権力(a foreign power)から解放されたのだと考えたとしても無理はない。この大統領は、ワシントンを占拠していた憎むべき異質な「エスタブリッシュメント」が打ち破られ、人民が再び統治するのだと宣言したのである。

トランプがしたように、あらゆるポピュリストは、「人民(the people)」と、利己的で腐敗したエリートとを対置する。しかし、権力者を批判する者が、みなポピュリストというわけではない。真にポピュリストを特徴づけるのは――これが本書の主たる論点だが――、自分たちが、それも自分たちだけが真正な人民を代表するという彼らの主張である。トランプの解釈によると、いまや「真の人民を代表する」自分が行政部を支配するから、人民が政府を支配することになる。そうした解釈は、いかなる反対派も正統ではないということを含意する。つまり、トランプに反対する者は、人民に反対しているとされるのだ。これは、ウゴ・チャベス［ベネズエラの大統領、在任一九九九～二〇一三年］や、非リベラルを公言するハンガリーの首相ヴィクトル・オルバーン、トルコの大統領レジェップ・タイイップ・エルドアンらでお馴染みとなった、きわめて権威主義的なパターンである。トランプは、民主主義にとって自らがいかに危険であるかを、世界に向けてこれ以上ないほど明瞭に示したのである。

　チャベスは、「チャベスとともに人民が統治する」というスローガンが大好きだった。皮肉なことに、この人民とひとりの忠実な代表者との同一視が意味するのは、究極的にポピュリストは、いかなる政治的責任も負わないということである。トランプは、自分が人民の真正な意志の単なる執行者に過ぎないと言い張っている。同様にエルドアンは、二〇一六年夏のクーデタ［失敗］の余波のなか、死刑制度を再導入するという彼の計画への批判に対して、次のように応じた。「重要なのは、わたしの人民が何を言うかだ」と。実のところ、そもそも「彼の人民」が言うべきことを彼は語ったのであり、彼が人民の声の唯一正統な解釈者であり続けるのだ。必然的に、異論は非民主主義的なものとされる。そして、あらゆる抑制と均衡《チェック・アンド・バランス》は、民主主義のもとでの権力分立制ではまったく常態のものだが、ポピュリストの手にかかると、人民の意志の実現を阻む障害物とされてしまうのである。

　ナイーブなことに、一部のリベラルは、ある点ではトランプが分断された国を「団結」させ「癒す」意向を示すのではないかと期待していた。選挙後にトランプは、「われわれは団結するのだ。そして勝って勝って勝ちまくるのだ！(We will unite and we will win, win, win!)」といったメッセージをツイートした。大統領就任演説では、「団結し」「止められない(unstoppable)」アメリカを訴えた。実際、あらゆるポピュリストは、しきりに「人民の統一」を語る。しかし、これはつねに条件付きの人民の統一である。すでにトランプは、あまり注目されなかった五月の選挙キャンペーン集会の演説(本書のなかでもう一度引用するが)でこう述べている。「ただひとつ重要なことは、人民の統一(the unification of the people)である――なぜなら、他の人びと(the other people)などどうでもよいからだ」。言い換えれば、法的な観点からも道徳的な観点からも真の市民である者でさえ、ポピュリストによる人民のヴィジョンを共有しないならば、人民の一員としての地位が疑問に晒されてしまうのである。

ポピュリストはみな、「真のアメリカ」や「真のトルコ」といった、「真の〇〇」の一員ではないと見なした人びとと対決を続けることで、彼の人民――唯一真正な人民――を統一しようと試みるだろう。分断は、ポピュリストにとって問題ではない。むしろそれは、権力を確保するための方法なのである。それゆえ、ポピュリスト政治家が遅かれ早かれ「相手方にも手を差し伸べる」と考えるのは、きわめてナイーブである。ポピュリストが対立(とりわけ進行中の文化闘争《カルチャー・ウォーズ》)を利用して、誰が「真の人民」なのか――そして、いかに彼らが力強いか――を繰り返し示すことができる限り、対立はポピュリストにとって明らかに良いことなのだ。

しかし、暗いニュースばかりではない。わたしは、われわれが二〇一六年という恐怖の年(*annus horribilis*)の過程で、いくつかの重要な教訓も学んだと信じている。多くの人にとって、本書で分析した現象が日に日に強まっていることは明らかなように思える。ここ最近、ポピュリズムの「世界的な波」について、ほぼ毎日のように聞いたり読んだりするからだ。しかしながら、「反エスタブリッシュメント感情」がグローバルな趨勢であるといった考えは、政治的現実《リアリティ》を中立的に描写したものではない。ポピュリスト指導者たち自身が、ある種のドミノ理論とともに、そうした考えを宣伝している。マリーヌ・ル・ペン〔フランスの国民戦線党首〕は、二〇一七年一月にドイツのコブレンツで開催されたヨーロッパ・ポピュリストの集会で、次のように叫んだ。「二〇一六年はアングロサクソン世界が覚醒した年だった。二〇一七年は大陸ヨーロッパの人民が覚醒する年になるだろうと、わたしは確信している」。一方、ナイジェル・ファラージ〔イギリス独立党の元党首〕は――ドミノや単なる波のメタファーでは満足せず――「津波」という表現を用いた。そして、ふんだんにメタファーを織り交ぜながら、マッテオ・レンツィ首相の憲法改正を〔国民投票で〕拒絶したイタリアの有権者を、ヨーロッパに対して「バズーカ」を発射したと賛美した。

これらの派手な――程度の差はあれ下品な――比喩的表現は、きわめてミスリーディングである。ファラージは自分の力でブレグジット（Brexit）〔英国のEU離脱〕を成し遂げたわけではない。「離脱」を現実のものにするには、ボリス・ジョンソンやマイケル・ゴーヴのような保守党の協力者が必要だった――そして、おそらく後者が他の誰よりも重要だった。結局のところジョンソンはいくぶんエキセントリックなキャラクターだと考えられた一方で、ゴーヴは政府内の聡明な有力者だと見なされていた（彼は教育大臣〔在任二〇一〇～一四年〕で司法大臣〔在任二〇一五～一六年〕だった）。そのゴーヴが市民に専門家を信頼すべきではないと語ったことは、重要な意味をもったのである——そもそもゴーヴ自身が専門家だったのだが。さらに重要なことに、単にブレグジットは、虐げられた者の反エスタブリッシュメント感情が自然に溢れた結果というわけではない。かつては保守党内で周辺的な立場だった欧州懐疑主義が、タブロイド紙や政治家によって数十年にわたって育まれていたのである。また、デイヴィッド・キャメロン〔英首相、在任二〇一〇〜一六年〕は、EU離脱を信じていなかったにもかかわらず、日和見主義的な理由から、いかにブリュッセルが悪なのかについての月並みな主張を繰り返し続けた。

同じような議論は、大西洋の反対側にも当てはまる。トランプは、第三党のポピュリスト運動から出たアウトサイダーの候補者として勝利したのではない。ファラージにジョンソンやゴーヴがいたように、トランプは、(もう一人の本物の保守的知識人である)ニュート・ギングリッチ、クリスティ、ルディ・ジュリアーニのような、共和党のエスタブリッシュメントの支持を当てにすることができた。確かに、共和党の指導者たちは、この不動産開発業者〔トランプのこと〕の台頭に反対した。しかし、党は決して彼を否認しなかった。こうして、政党帰属は、選挙結果を説明するにあたって最も重要な要因であり続けている。つまり、共和党支持者の九〇パーセントが、トランプに投票したのである。それに加えて、かつてビジネスマンから救国者に転身したロス・ペローのような人物(彼が〔共和党でも民主党でもない〕独立候補だったことは、一九九二年のビル・クリントンの勝利を助けた)に投票したアメリカ人のように、一部の人びとがトランプに投票したのだと指摘するのは、おかしなことではない。端的に言えば、共和党なしでは、トランプは大統領になれなかったのである。

　ドミノや波といった比喩的表現は、ひとつの反例によって、すでに経験的に疑わしいものとなっている。二〇一六年一二月のオーストリア大統領選で、勝利が予想されていた極右ポピュリストのノルベルト・ホーファーが敗れ、代わりに緑の党のアレクサンダー・ファン・デア・ベレンが支持を集めて勝利した。ポピュリストの大流行のなかで起きた些細なことのように見えるが、これは西洋全体にとって重要な教訓を含んでいる。たとえば、多くの保守政治家がホーファー反対をはっきりと公言した。とりわけ、農村部のオーストリア人の信頼を得ている地方の首長や政治家たちがそうしたのは大きかった。さもなくば、ウィーン出身の緑の党指導者が、地方から支持を集めることは明らかに不可能だっただろう。ポピュリストに傾く地方と、リベラリズムにコミットする都市との間の分裂——ブレグジットやトランプへの投票では明白だった分裂——は、不可避なものではないのだ。また、ファン・デア・ベレンのキャンペーンは、普段なら交わらないであろう人びとにも届くよう、多くの市民を動員した。さらにファン・デア・ベレン陣営は、ホーファー支持者との建設的な対話方法についてのリーフレットを配布した。そこには、たとえば、ホーファー支持者をすぐに外国人嫌い《ゼノフォーブ》やファシストと決めつけて非難すべきではないといったことが書かれていた。ポピュリズムは止められないものではない。

　そして、ポピュリストや極端な政党にだけ注意を払い過ぎないことも重要である。われわれは、他の政治家にも注目し続けねばならないし、とりわけ保守政治家が「ポピュリストに」協力しようとしているか否かを監視し続ける必要がある。われわれはまた、しばしば名目上は主流《メインストリーム》の保守政党やキリスト教民主主義政党がポピュリストに転じ、「エスタブリッシュメント」と「反エスタブリッシュメント」との間の明確な区別を混乱させることに警戒しなければならない。オルバーンの政党フィデスは、つねにポピュリスト政党だったわけではないし、二〇一〇年の選挙ではポピュリスト的な綱領で闘ったわけではなかった。選挙後になって初めて、オルバーンは、きわめて非リベラルで反EU的な指導者に変貌し、自国の法の支配と民主主義を体系的に傷つけたのである。同様に、「ポーランドの」ヤロスワフ・カチンスキの党「法と正義」も、二〇一五年秋の選挙では穏健な顔を見せていたが、そのあとでポピュリストとしての本性を現し、多数派を得るや否や、オルバーンと同じ路線を歩んだ。

明らかなことは、ポピュリストに対抗するための万能薬は存在しないことだ。ポピュリストを打ち破るための手軽な一〇箇条が掲載されたハンドブックもない。とはいえ、われわれはまた、まったく行き場がなく、無力というわけでもない。他の政治家がポピュリストのように(like populists)話すのではなく、ポピュリストと(with populists)話すように促そう。「ポピュリストのように」協力する可能性のある保守主義者を監視し続け、彼らを説得し、ポピュリストと協働させないようにしよう(もちろん、もしポピュリストが、ポピュリストであること——つまり反多元主義者であること——をやめるならば、彼らと協働することは、民主主義において全く正統である)。二〇一六年九月にヒラリー・クリントンがしたように、ポピュリスト支持者たちを不用意に「惨めな人びと(deplorables)」と呼んで退けないようにしよう。普段は交わらない人たちと話そう。もし彼らが不正の犠牲者だと信じるに足る理由があったならば、政府や政党にその不正を正させよう。

二〇一七年一月、ウィーンにて

ヤン＝ヴェルナー・ミュラー

「人民（people）」という言葉は、「混合（mixture）」という意味でしか理解しえない。だが、もし諸君が「人民」という言葉を「多数（number）」や「混合」といった言葉に置き換えるならば、いくつかのとても奇妙な言い回しを手に入れるだろう……「主権的混合」、「混合の意志」などである。

——ポール・ヴァレリー

あらゆる権力は人民からやって来る。しかし、それはどこへ行くのか？

——ベルトルト・ブレヒト

目次

凡例

一、本書は、Jan-Werner Müller, *What Is Populism?* Philadelphia: University of Pennsylvania Press, 2016 の全訳である。訳出にあたっては、ドイツ語版の *Was ist Populismus? Ein Essay*, Berlin: Suhrkamp, 2016 も適宜参照した。
二、原文の〝 〟は「 」にした。
三、原文のイタリックには傍点を付した。
四、原文の（ ）は訳文でも（ ）とした。
五、［ ］は訳者による補足である。ただし、〔 〕は（数は少ないが）原著者ミュラーによる補足である。
六、……は原著者による省略である。
七、democracy は「民主主義」とも「民主政」とも「民主制」とも訳すことができるが、本書では一貫して「民主主義」と訳した。ただし、明らかに国家を指す場合は「民主主義国」としている。
八、legitimacy は「正統性」、legitimate は「正統な」、legitimize は「正統化する」と訳す一方、justify は「正当化する」、justification は「正当化」と訳した。
九、本書には情動に関連する単語が頻出するが、emotion は「感情」、feeling は「感覚」、sentiment は「心情」、passion は「情熱」とそれぞれ訳した。
十、本書に頻出する claim は、文脈によって「主張」と「要求」に訳し分けている。

序章

誰もがポピュリスト？

二〇一五年から一六年にかけて展開されたアメリカ大統領選キャンペーンほど、「ポピュリズム」という呪文が頻繁に登場したものは記憶にない。〔共和党の〕ドナルド・トランプも、〔民主党の〕バーニー・サンダースも、「ポピュリスト」というレッテルを貼られた。この言葉はたいてい「反エスタブリッシュメント」の同義語として用いられ、特定の政治理念とは無関係のように見える。態度は注目されるが、中身は全く重要でないように見える。それゆえ、この言葉はまた、何よりも特定のムードや感情と結びつけられる。たとえば、ポピュリストは「怒って」おり、彼らに投票する者は「不満がたまっている」、あるいは「憤懣」に苦しんでいる、というように。同様の主張は、ヨーロッパの政治指導者やその支持者たちについてもなされる。たとえば、マリーヌ・ル・ペンとヘールト・ウィルデルス〔オランダの自由党党首〕は、ともにポピュリストとして紹介される。どちらの政治家も、明白に右に位置している。しかし、サンダース現象と同様、〔ヨーロッパの〕左翼の反乱者たちもまた、ポピュリストのレッテルを貼られている。ギリシャには二〇一五年一月に政権を握った左翼の連合シリザがあり、スペインには、ユーロ危機をめぐるアンゲラ・メルケル〔独首相〕の緊縮政策に対してシリザとともに徹底的に反対したポデモスがある。どちらも――とくにポデモスは――、ラテンアメリカの「ピンク・タイド（pink tide）」と総称されるもの、すなわちラファエル・コレア〔エクアドルの大統領〕、エボ・モラレス〔ボリビアの大統領〕、そしてとりわけウゴ・チャベスのようなポピュリスト指導者の成功に刺激を受けたと主張している。しかし、実際にこれらの政治アクター全てに共通するものは何だろうか？　政治的判断とは適切な区別をする能力であるというハンナ・アーレントに同意するならば、ポピュリズムについて語る際に普及している右と左のごた混ぜに対して、われわれは再考すべきだろう。様々な現象を全て「ポピュリズム」と診断することが流行しているのは、政治的判断の失敗ではないだろうか？

　ポピュリズムについて語っているにもかかわらず——現在の民主主義世界の最も鋭い分析者のひとりであるブルガリアの政治学者イヴァン・クラチェフは、現代を「ポピュリズムの時代」とすら呼ぶくらいである——、われわれは何について語っているか理解しているというには程遠いという観察から本書はスタートする[1]。われわれは何かポピュリズムの理論のようなものを手にしているわけでは全くないし、ある政治アクターがポピュリストに転じたと有意に判断するための一貫した基準も欠いているように思える。結局のところ、あらゆる政治家が——とくに投票が動向を決める民主主義国では——、「人民（the people）」に訴えたがるし、可能な限り多くの市民が理解できるひとつのストーリーを語りたがるし、「普通の人びと（ordinary folks）」がいかに考え、とくにいかに感じるかについて敏感であろうとしているのである。では、単にポピュリストとは、一部の人には好まれない、成功した政治家なのだろうか？　ひょっとすると、「ポピュリズム」という非難それ自体が、ポピュリスト的でありうるのではないか？　あるいは、ポピュリズムは、クリストファー・ラッシュ［アメリカの歴史学者］が主張するように、本当に「民主主義の真の声」なのだろうか？

本書は、われわれがポピュリズムを識別し、それに対処することを手助けしようとするものである。以下の三つの方法でそれを達成しよう。第一に、いかなる種類の政治アクターがポピュリストと見なされるのかを説明したい。わたしは、ポピュリストとしてカウントするためには、エリート批判は、必要条件ではあるが十分条件ではないと論じる。さもなくば、たとえばイタリアやギリシャやアメリカ合衆国の現状を批判する者は誰でも、定義上ポピュリストとなるだろう。そして、さらに言えば、シリザ、ベッペ・グリッロの反乱的な五つ星運動、あるいはサンダースについてどう考えようと、彼らのエリート攻撃がしばしば正当なものであることを否定するのは難しい。また、もし既存エリートへの批判がポピュリズムの全てというのならば、アメリカ合衆国の大統領候補は事実上みなポピュリストとなってしまうだろう。なぜなら、結局のところ、みなが「ワシントンに反対して」いるからである。

［それゆえ］反エリート主義者であることに加えて、ポピュリストはつねに反多元主義者(*antipluralist*)である［と論じたい］。ポピュリストは、自分たちが、それも自分たちだけが、人民を代表していると主張する。たとえば、トルコのレジェップ・タイイップ・エルドアン大統領が、国内の多くの批判者をものともせず、「われわれが人民である。お前たちは誰だ?」と党大会で宣言したことを想起してほしい。もちろん、彼は反対者たちもトルコ人であることを知っていた。その排他的な代表の主張は、経験的なものではない。それはつねに明白に道徳的な(*moral*)ものである。政権を目指しているときは、ポピュリストは政治的な競争相手を非道徳的で腐敗したエリートとして描く。統治するときに

は、彼らはいかなる反対派〔野党〕(opposition)も正統なものとして承認することを拒む。また、ポピュリストのロジックは、ポピュリスト政党を支持しない者は誰であれ、人民――つねに高潔で道徳的に純粋なものとして定義される――にふさわしい一員ではないということを仄《ほの》めかす。簡潔に言えば、ポピュリストは「われわれは九九パーセントだ」とは主張しない。代わりに彼らが仄めかすのは、「われわれは一〇〇パーセントだ」ということなのである。

ポピュリストにとっては、この〔自らと人民との〕同一視はつねに良い結果をもたらす。残りの者たちを、非道徳的で、人民の一部では全くないものとして、退けることができるからである。別の言い方をすれば、ポピュリズムとは、つねにアイデンティティ・ポリティクスの一形態(*a form of identity politics*)なのである(アイデンティティ・ポリティクスのあらゆるバージョンがポピュリスト的というわけではないが)。このアイデンティティ・ポリティクスのひとつの排他的な形態というポピュリズム理解から導き出せるのは、ポピュリズムが民主主義にとって脅威となるということだ。なぜなら、民主主義は、多元主義(pluralism)と承認を必要とするからである。それらは、われわれが自由かつ平等で、しかしまた多様性も減じえない市民として共生するための公正な条件を見出すのに必要なものである。単一で同質的で真正な人民という考えは幻想である。かつて哲学者ユルゲン・ハーバーマスが述べたように、「人民」は複数で(in the plural)現れることしかできない。そして、それ〔単一で同質的で真正な人民〕は危険な幻想である。なぜなら、ポピュリストは、対立を食い物にし、分裂を強めるだけでなく、政治的な敵対者たちを「人民の敵」として扱い、彼らを完全に排除しようとするからである。

全てのポピュリストが、敵をグラーグ［狭義にはソ連の収容所管理総局を指すが、ここでは強制労働収容所の意味］に送ったり、国境沿いに壁を築いたりするだろうと言っているわけではない。しかし、ポピュリズムは、ポピュリストが政権を勝ち取るや否や冷めて消えてしまうような、無害なキャンペーンのレトリックや、単なる抗議(protest)に限定されるわけでもない。ポピュリストは、ポピュリストとして統治できるのである。ポピュリスト的な抗議政党は、いちど選挙に勝てば、政権についた自分たち自身に対して抗議することは不可能なので、自己矛盾に陥るだろうと一般的には思われがちだが、そうではない。ポピュリストによる統治《ガバナンス》は、三つの特徴を示す。すなわち、国家機構を乗っ取る試み、腐敗および「大衆恩顧主義《クライエンテリズム》」(市民の政治的支持を物質的な利得や官僚の依怙贔屓《えこひいき》と交換し、市民をポピュリストの「クライアント」とすること)、市民社会を体系的に抑圧しようとする努力、この三つである。もちろん、多くの権威主義者も、似たようなことを試みている。違いは、ポピュリストの場合、自分たちのみが人民を代表していると主張することによって、自らの行為を正当化することである。そうすることでポピュリストは、自らの行いをほとんど隠蔽せずに済むのである。そのことはまた、なぜ腐敗が摘発されても、ポピュリスト指導者たちがほとんど打撃を受けていないように見えるのかを説明する(トルコのエルドアンや、オーストリアの極右ポピュリストであるイェルク・ハイダーを想起せよ)。支持者たちの目には、「彼らはわれわれのためにそれをしているのだ」、ひとつの真の人民のためにそうしているのだと映る。本書の第二章は、どうしてポピュリストたちが憲法制定まで望むのかを示す(最も明白な例を提供してくれるのはベネズエラとハンガリーである)。ポピュリスト指導者のイメージは、大統領宮殿のバルコニーから直接語りかけ、組織化されていない大衆に依拠することで、完全に制約から解放されることを好む、といったものだろう。しかし、そうしたイメージとは反対に、実際にはポピュリストは、もっぱら党派的《パルチザン》に機能するものに限るが、しばしば制約を創り出そうとする。ここでは「制約たる」憲法は、多元主義を保護する道具としてではなく、多元主義を排除する役割を果たすのである。

第三章は、ポピュリズムのより深い原因のいくつか、とりわけ西洋における近年の社会経済的な展開に焦点を当てる。また、いかにしてポピュリスト政治家とその支持者たちにうまく対処できるかという問題も提起する。わたしは、「市民の恐れや怒りを真剣に受け止めねばならない」として、市民に有効な治療の処方箋を書こうとする家父長的《パターナリスティック》なリベラルの態度や、主流のアクターがポピュリストの提案を単純にコピーすべきだという考えを拒否する。また、ポピュリストを議論から完全に排除しようという、もう一つの極端な選択肢も、成功しないだろう。なぜなら、ポピュリストたちの排除への意志に対して、ポピュリストを排除することによって応じているだけだからである。ひとつの代案として、わたしは、ポピュリストへの対抗の仕方について、いくつかの特定の政治的条件を提示する。

四半世紀以上前、ほぼ無名の国務省職員が、悪名高く、広く誤解された論文を発表した。著者はフランシス・フクヤマ、タイトルはもちろん「歴史の終わり」である。歴史が冷戦の終結によって終わっていないことは明らかだと冷ややかに言うことで、自らの知的洗練を証明しようとする退屈な手法が久しく通用した。しかしもちろん、フクヤマはあらゆる対立の終焉を予言したのではなかった。彼は、もはや理念のレベルでは自由民主主義のライバルは存在しないことを請け合っただけだった。彼は、あちこちで他のイデオロギーが支持を得るかもしれないことを認めていたが、にもかかわらず、それらのどれも、自由民主主義の（そして市場資本主義の）グローバルな魅力には対抗できないだろうと主張したのである。

彼はそれほど明白に誤っていただろうか？　急進的イスラム主義は、リベラリズムにとって深刻なイデオロギー的脅威ではない（「イスラムファシズム（Islamofascism）」という幽霊を召喚する人びとは、現在の政治的な現実について語っているというよりも、冷戦期に比する明確な戦線を望んでいるに過ぎない）。現在しばしば「中国モデル」と呼ばれている国家統制型資本主義は、明らかに能力主義支配《メリトクラシー》のひとつの新しいモデルとして、一部の人びと、おそらく自分たちが最も能力をもっていると考える人びと（シリコンバレーの起業家たちを想起せよ）にのみ、希望を与えている。[2] それはまた――とくに発展途上国において――数百万の人びとを貧困状態から引き上げたという業績によって希望を与えている。けれども、権威主義的な諸政府が、自らも真の民主主義国として国際組織や西側エリートに認められようとして、ロビイストや広報専門家に莫大な金を払っていることからも分かるように、「民主主義」は主要な政治的目標であり続けている。

しかし、全てが民主主義にとってうまくいっているわけではない。こんにちの民主主義にとっての脅威は、民主主義的な理想を体系的に否定する包括的なイデオロギーではない。脅威はポピュリズム——民主主義の最高次の理想(「人民に統治させよ!」)の履行を約束する、民主主義の堕落した形態——である。言い換えれば、脅威は民主主義世界の内部から来る。脅威をもたらす政治アクターは、民主主義的な諸価値の言語で語るのである。その最終的な帰結が露骨に反民主主義的な政治の一形態だということは、われわれみなを悩ませるだろう——そして、どこで民主主義が終わり、どこでポピュリストの危険が始まるのかについて、われわれが正確に見定めることを助けるような、ニュアンスのある政治的判断の必要性を示すだろう。

第一章

ポピュリストが語ること

「世界に幽霊が徘徊している。ポピュリズムという幽霊が」[1]。一九六九年に刊行されたポピュリズムに関する論文集の序文で、ギタ・イオネスクとアーネスト・ゲルナーはこう書いた。同書は、「ポピュリズムを定義する」という目的で、一九六七年にロンドン・スクール・オブ・エコノミクス（LSE）で開催された大きな学術会議に提出された諸論文がもとになっている。そこで分かったのは、多くの参加者が、ひとつの定義に合意できないということだった。しかし、その会議の議事録を読むことは、いまだ有益である。考えざるをえないのは、当時も、まさに現在のように、あらゆる種類の政治的不安が「ポピュリズム」について語る際に表明されていることだ。つまり、ポピュリズムという言葉が、一見すると共通性のない多くの政治現象に用いられているのである。こんにちわれわれもまた、ひとつの定義に合意することはできないように思えることを考えると、次のように尋ねたくなるかもしれない。そこにそんなものはあるのだろうか？（Is there a there there?）

一九六〇年代末に遡ると、「ポピュリズム」という言葉は、脱植民地化をめぐる論議、「小農主義（peasantism）」の将来に関する推測、そして、おそらく二一世紀初頭のわれわれの視点からは最も驚くべきことだが、共産主義全般、とりわけ毛沢東主義の起源と発展の見通しに関する議論に用いられていた。こんにちでも、とくにヨーロッパでは、あらゆる種類の政治的不安――そしていくらかは希望――が、ポピュリズムという言葉を中心にして姿を現している。図式的に言えば、一方ではリベラルが、大衆がポピュリズムやナショナリズム、そして露骨なゼノフォビア（外国人嫌い）に囚われ、ますます非リベラルになっていくと見なし、それを憂慮しているように見える。他方で民主主義の理論家たちは、彼らが「リベラル・テクノクラシー」と考えるもの——つまり、普通の市民の願望に意図的に応答しない、専門家エリートによる、いわば「責任あるガバナンス」——の興隆について懸念している。[2] そうするとポピュリズムとは、オランダの社会科学者カス・ミュデが呼んだように、「非民主主義的なリベラリズムに対する非リベラルな民主主義的応答」なのかもしれない。ポピュリズムは、一方では脅威と見なされるが、しかしまた「人民」からあまりに乖離してしまった政治を矯正する力のあるものとしても見られている。[3] ベンハミン・アルディーティ〔メキシコの政治学者〕が、ポピュリズムと民主主義の関係を捉えるために提案した次のイメージに当てはまる何かがあるのかもしれない。アルディーティによると、ポピュリズムは、ディナー・パーティーで酔っぱらったゲストに似ている。そのゲストは、テーブルマナーを守らず無作法で「他のゲストの妻に手を出し」始めさえするかもしれない。しかし彼はまた、人民主権が創設されたときの理想を忘れてしまった、自由民主主義についての真実を口にするかもしれないのである。[4]

合衆国では、ポピュリズムという言葉は、真の平等主義的な（*egalitarian*）左翼政治の理念とたいてい結びついたままであり、それは民主党のスタンスとは潜在的に対立する。ポピュリスト的な批判者の目には、民主党は、あまりに中道的になってしまったと映っているか、あるいは、ヨーロッパでの議論とも共鳴する点だが、テクノクラートによるテクノクラートのための党（さらにひどい場合には

「金権政治家」のための党)と映っている。結局のところ、ポピュリストとして賞賛される(あるいは嫌われる)のは、とりわけ「ウォール街《ストリート》」に反対する「メインストリート」の擁護者たちである。このことは、ニューヨーク市長ビル・デブラシオや、マサチューセッツ州選出の上院議員エリザベス・ウォーレンのように、エスタブリッシュな政治家である場合にさえ当てはまる。アメリカでは「リベラル・ポピュリズム」という言葉を耳にするのはありふれたことだが、ヨーロッパではそうした表現は明白な矛盾に聞こえるだろう。大西洋の両岸で、リベラリズムとポピュリズムはどちらも異なって理解されているのだ。(5) よく知られているように北米では、「リベラル」は「社会民主主義的(Social Democratic)」なものを意味しており、「ポピュリズム」はその非妥協的なバージョンであることを含意している。対照的にヨーロッパでは、ポピュリズムは決してリベラリズムと結びつけられない。[ヨーロッパにおいて]リベラリズムが意味するのは、多元主義の尊重とか、抑制と均衡《チェック・アンド・バランス》(そして一般的には人民の意志の制約)を必然的に含んだ民主主義理解といったものなのだ。

もしこの同じ言葉の[大西洋の両岸での]異なった政治的使用法がいまやそれほど分かりにくいものではなくなったとしても、金融危機後の新しい運動、とりわけティーパーティーとオキュパイ・ウォール・ストリートの興隆によって、問題はさらに複雑になった。どちらも、主流《メインストリーム》の政治に批判的な右翼勢力と左翼勢力の連携が提示されたという点で、様々なかたちでポピュリストと描写され、潜在的な共通分母として「ポピュリズム」が用いられた。この奇妙な対称性の感覚は、メディアにおける二〇一六年の大統領選の大々的な描写のされ方によって強まった。つまり、ドナルド・トランプとバーニー・サンダースがどちらもポピュリストと呼ばれ、前者が右派の、後者が左派のポピュリストとされたのである。両者とも、市民の「怒り」「不満(frustration)」「憤懣(resentment)」によって駆り立てられた「反エスタブリッシュメントの反乱者」であるという点では少なくとも共通していると、しばしば報じられたのである。

ポピュリズムは、明らかに政治的に論争的な概念である。(6) 職業政治家たち自身、その意味をめぐる闘いの重要性を知っている。たとえばヨーロッパでは、明白に「エスタブリッシュメントな人びと」が、自分たちの対抗者をポピュリストと呼びたがる。しかし、ポピュリストというレッテルを貼られた人びとのなかには、反撃を開始する者もいた。彼らは、もし人民のために奉仕することがポピュリズムであるならば、われわれは事実ポピュリストであると主張することによって、自らに貼られたレッテルを誇ったのである。われわれはこうした主張をどう判断すべきだろうか。そして、われわれは、本当のポピュリストと、単にポピュリストという烙印を押された人びと(さらに、決してポピュリストとは呼ばれず、ポピュリストと自称もしないが、それでもポピュリストでありうる人びと)とをどのように区別すべきだろうか。われわれは、ほとんど誰もが――左派であれ右派であれ、また民主主義的であれ反民主主義的であれ、はたまたリベラルであれ非リベラルであれ――ポピュリストと呼ばれ、ポピュリズムが民主主義の友とも敵とも見なされうるような、この上ない概念的混乱に直面してはいないだろうか。

では、いかにして着手するか。本章では、三つの段階を踏む。最初にわたしは、ポピュリズムを理解するためのいくつかの共通したアプローチが、なぜ実際には袋小路に陥るのかを示そう。そのアプローチとは、［第一に］投票者の感覚(feelings)に焦点を当てた社会心理学的な視座、［第二に］特定の階級に着目する社会学的分析、［第三に］政策提案の質の評価である。これらはいずれも、ポピュリズムを理解するのに若干は有益だが、ポピュリズムとは何か、そしてそれは他の現象とどのように異なっているのかについて、適切に描くことはできない(さらに、あたかもポピュリストという言葉を使いさえすれば自動的にポピュリストになるかのような、政治アクターの自己描写に耳を傾けるアプローチも有益ではない)。これらのアプローチの代わりに、わたしはポピュリズム理解への異なる道筋を進むつもりである。(7)

わたしは、ポピュリズムとは、ひとつの体系的に整備された教義のようなものではなく、一組の明瞭な諸要求であり、言わばひとつの内的なロジックをもつと論じる。そのロジックを吟味すれば、ポピュリズムが、多くの観察者が考えるような、あまりに「エリート主導」となってしまったある種の民主主義を矯正するのに有益なものなどではないということを発見するだろう。自由民主主義には、われわれがリベラリズムと民主主義との間の匙加減を選択することができるといった意味でのバランスが含まれているというイメージは、根本的にミスリーディングである。確かに、民主主義諸国が、レファレンダム［国民投票／住民投票］の可能性や頻度、あるいは立法府で圧倒的多数で可決された法律を無効にする司法権のような問題について異なっていても正統である。しかし、エリートに無視されているとされる「サイレント・マジョリティ」を、選挙で選ばれた政治家と闘わせることで、われわれが民主主義により近づいていくという考えは、幻想であるだけでなく、政治的にひどく有害な思想である。その意味でわたしは、ポピュリズムを適切に把握することはまた、民主主義についてのわれわれの理解を深めるのにも役立つと信じている。ポピュリズムは、近代の代表制民主主義の永続的な影のようなものであり、不断の危険である。その特徴に自覚的であることは、われわれが実際に生きている民主主義諸国の固有の特徴――そして、ある程度はその欠点も――を理解するのにも有益だろう。(8)

ポピュリズムを理解すること――袋小路

「進歩的(progressive)」あるいは「草の根(grassroots)」的なものとしてポピュリズムを考えるのは、主としてアメリカ(北米、中米、南米)的な現象である。ヨーロッパでは、歴史的な条件から、ポピュリズムに関する異なる先入観が見出される。そこではポピュリズムは、何よりもリベラルな解説者たちによって、無責任な政策や、様々な形態の政治的迎合と結びつけられる(「デマゴギー」と「ポピュリズム」がしばしば互換的に用いられる)。かつてラルフ・ダーレンドルフ[ドイツやイギリスで活躍した社会学者]は、ポピュリズムはシンプルであり、民主主義は複雑だと記した。(9) より固有の事情として、「ポピュリズム」は、公的債務の累積と長年にわたって結びついてきた――この連想はまた、近年のギリシャにおけるシリザやスペインにおけるポデモスのような、多くのヨーロッパの解説者によって

「左翼ポピュリズム」の実例に分類される諸政党の議論に著しい影響を与えている。

ポピュリズムはまた、しばしばある特定の階級、とりわけ小市民《プチ・ブルジョワジー》と結びつけられたり、小農(peasants)および農場経営者(farmers)が欧米の政治的心象から消滅する(一九七九年頃だろう)までは、土地の耕作に従事する人びとと結びつけられたりしてきた。これは社会学的に強固な理論のように思える(もちろん階級は構築物だが、かなり正確な手法で経験的に規定することができる)。このアプローチはたいてい、社会心理学から導き出された追加的な一連の基準を伴うことが多い。つまり、ポピュリストの主張を公に支持する人びと、とくにポピュリスト政党に票を投じる人びとは、(近代化やグローバリゼーションなどに対する)「恐れ」、あるいは「怒り」や「不満」や「憤懣」の感覚によって衝き動かされていると述べられるのである。

最後に、ヨーロッパにせよアメリカにせよ、歴史家や社会科学者の間には、ポピュリズムは、過去のある時点で自らを「ポピュリスト」と呼んだ政党や運動に共通しているものを検討することによって、最もよく規定することができると考える傾向がある。そうすれば、問題となっている「―イズム」の適切な特徴を、関連する歴史的アクターの自己描写から読み取ることができるというのである。

わたしの考えでは、これらの視座や、一見したところ簡潔な経験的基準のいずれも、ポピュリズムを概念化するのに有益ではない。そこで、これらの視座がいかにして普及したのか――そして、いかにして「下層中流階級」や「憤懣」といった経験的で中立的に見える診断が深く考えられることなく展開されたのか――を考慮しつつ、わたしの異議をいくぶん詳細に説明したい。

何よりもまず、政策の質を吟味した場合、「人民」に依拠して正当化されたいくつかの政策が、本当に無責任なものだったと判明する可能性は否定し難い。そうした政策を決定した人びとは、十分に熟慮しなかったのだろう。彼らは関連する全てのエビデンスを集めることに失敗したのだ。あるいは、彼らは、ありうる長期的な帰結を認識し、自らの短期的な選挙利得のみに従った政策を慎むべきであったのだ。ある政策を全く非合理的なものと判断するために、ネオリベラルなテクノクラートになる必要はない。ベネズエラ大統領ウゴ・チャベスの不運な後継者であるニコラス・マドゥロを想起すればよい。彼は、兵士を家電製品店に送り、より安い値段のラベルを貼らせて、インフレと闘おうとした（インフレに関するマドゥロのお好みの理論は、結局のところ「ブルジョワジーという寄生虫」が主たる原因であるというものだ）。あるいは、フランスの国民戦線を想起してほしい。彼らは、一九七〇年代と八〇年代に「二〇〇万人の失業者に二〇〇万人の移民、多過ぎる！」というポスターを掲げた。この等式はあまりに単純であったため、誰もが良識（*bon sens*）によって何が正しい政策解決かを理解することができたように思える。

それでも、これ［ポピュリズムを無責任な政策と結びつけるアプローチ］では、何がポピュリズムを構成するのかについての基準を確定することはできない。というのも、公共生活のたいていの領域で、責任と無責任の間に、異論の余地のない線を引くことはできないからである。しばしば、無責任という非難は、それ自体高度に党派的なものである（そして、しばしば公然と非難される無責任な政策は、ほぼつねに最貧層を益するものである）[10]。どんな場合でも、政治的議論を「責任」対「無責任」の問題にすることは、いかなる価値やコミットメントに対して責任があるのか、という問いを惹起する。[11]明白な例を挙げると、自由貿易協定は、ＧＤＰ全体を最大化するというコミットメントに照らせば責任あるものになりうるが、他の価値に照らせば受け入れ難いと見なしうる配分結果をもたらすだろう。したがって［政治的］議論は、全体としての社会の価値コミットメントについてなされねばならないし、あるいはひょっとしたら、様々な経済理論から導き出される様々な所得配分について行われねばならないだろう。ポピュリズムと責任ある政策とを区別しようとすることは、議論すべき現実の問題を覆い隠すだけである。またそれは、特定の政策への批判を撥ね付けるための、きわめて便利な手法となりうるのである。

ポピュリズムの主要な支持者として特定の社会経済集団に焦点を当てることがミスリーディングなのは言うまでもない。多くの研究が示すように、それはまた経験的にも疑わしい。[12]しばしばそうした議論は、大部分は疑わしい近代化理論の一連の想定に由来するように思える。多くの場合で、ひとまずポピュリスト政党と呼べそうなものを支持する投票者たちが、特定の収入や学歴を共有していることは真実である。とくにヨーロッパでは、一般に右翼ポピュリスト政党と呼ばれるものに投票する人びとは、学歴が低い（また、彼らは圧倒的に男性である。この点は米国にも当てはまるが、ラテンアメリカには当てはまらない）。[13]しかしこの構図は、決してつねに真実というわけではない。ドイツの社会科学者カーリン・プリースターが示したように、経済的に成功した市民は、しばしば本質的に社会ダーウィニズム的な態度を身に付け、実際に「わたしはそれを成し遂げた。なぜ彼らにはできないのか?」と問いながら、右翼政党への支持を正当化する(「わたしの勤労倫理を再分配せよ!」と要求するティーパーティーのプラカードを想起せよ)[14]。とりわけ、フランスやオーストリアのような一部の国では、ポピュリスト政党がきわめて巨大になり、かつて「包括政党(catch-all parties)」と呼ばれたものに実質的には似てきている。彼らは多数の労働者を惹きつけているが、他の多くの階層の出身者も彼らの支持者となっているのだ。

多くの調査が示すように、個人の社会経済的な境遇と右翼ポピュリスト政党への支持は、しばしば相互に全く関連しない。なぜなら後者は、当該国の境遇のより全般的な評価に基づいているからである[15]。ある国家《ネイション》/国民の没落や脅威への認識(「エリートたちは、われわれのものであるはずの国を、われわれから奪っている!」)を、個人的な恐れや「地位をめぐる不安(status anxiety)」に切り詰めるのはミスリーディングだろう。実際にポピュリスト政党の支持者の多くは、政治的境遇に関する自分たち自身の思考(さらには自分たち自身の調査)を誇りに思っており、自分たちのスタンスが単に自らに関わるものだけであることも、あるいは単に感情に衝き動かされていることも否定する[16]。

実のところ、ポピュリズムを説明する際に、「不満」や「怒り」、そしてとりわけ「憤懣(resentment)」のような、感情を込めた用語を使うことには、きわめて慎重になるべきである。それには少なくとも二つの理由がある。第一に、*resentment* のような言葉を援用する解説者たちが、ニーチェの『道徳の系譜』を念頭に置いていなくとも、ルサンチマン(*ressentiment*)の特殊な含意を完全に避けることは難しい。たとえニーチェの分析では、憤懣[ルサンチマン]に駆られた人びとは創造的になる可能性があり、弱者のなかの賢者が人間の諸価値のランクを組み直すことで強者を打ち負かせるとしても、定義上、憤懣に苦しむ人びとは弱者である。憤懣を抱く人びとは、彼らの劣位(inferiority)や反動的な(*reactive*)特徴によって定義される。[17] 彼らは強者について不愉快に思っており、その感覚を封じ込めている。彼らは優越者から相応に承認されることを結局は望んでおり、彼らの自己理解は根本的に強者に依存している。その意味で、憤懣を抱く人びとは、つねに自律した行動をとることができない。彼らは、自らの実際の境遇について自分に嘘をつき続けねばならない。たとえ自らの嘘を決して信じることができないとしても。マックス・シェーラーが述べたように、憤懣は、人間をゆっくりと、自らの魂を害するように導くのである。[18]

ひょっとしたら、このことは「アメリカを再び偉大にしよう(Make America Great Again)」というスローガンをあしらった野球帽を被った人びとみなに当てはまると実際に信じられているかもしれない。あるいは、ポピュリスト政党に投票する人びとはつねに権威主義的パーソナリティを備えているか、社会心理学者の言う「不愉快なパーソナリティ(low agreeable personalities / unangenehme Persönlichkeitsstrukturen)」を備えていると信じられているかもしれない。[19] しかし、少なくともそうした心理学的診断の政治的帰結は直視すべきである――「リベラルなエリート」は、普通の人びととの言葉を信じることができずに、代わりに、恐怖し憤慨した市民を治療すると称して、政治的なセラピーを処方したがる。そうすることで、「リベラルなエリート」は単に相手をひどく見下す存在というだけでなく、自らの民主主義的な理想に従って生きることができない存在だという、[診断された側の]人びとの見方を裏づける結果に終わってしまうのだ。紛れもない事実は、「怒り」や「不満」はつねに明確に表明されるわけではないが、思想から完全に切り離されているという意味での「単なる感情」でもないということである。怒りや不満には理由があり、それを多くの人びとは実際に何らかのかたちで説明しうるのである。[20] もちろん、それらの理由全てが妥当で、額面通りに受け取られるべきだと言っているわけではない。不当に扱われたという感覚や、「国がわれわれから奪われた」という心情は、確かに自明のものではない。しかし、単に議論を社会心理学へと移すこと（そして怒りや不満を政治的サナトリウム向けの潜在的患者として扱うこと）は、理由づけ（reasoning）に取り組むという基本的な民主主義の義務を無視することである。この点で、一見したところ啓蒙的なリベラルは、一九世紀における彼らの先駆者の一部に見られた、きわめて排除的な振る舞いを繰り返しているように見える。一九世紀の一部の著名なリベラルは、大衆は責任をもって投票権を行使するには「感情的過ぎる」という理由で、参政権の拡大に慎重だったのである。

さらに、たとえエリートが普通の市民の価値コミットメントを批判することを妨げるべきではないと結論づけたとしても、一組の政治信条の内容を、社会経済的な地位や、支持者の心理学的な状態と結びつけてしまうのは、かなり奇妙なことである。それは、社会民主主義を理解する最良の方法は、その投票者たちを、金持ちを羨む労働者として描くことだと言っているようなものである。ポピュリズムの支持者のプロフィールは、われわれがその現象についてどう考えるかということに明らかに関係している。しかし、ポピュリズム現象全体を、「近代化プロセスの敗者」と想定された側の不明瞭な政治的表現として説明することは、単にお高くとまっているというだけではない。それはまた、実際に説明にもなっていないのである。

では、なぜこうもわれわれの多くがそうした説明に頼り続けているのだろうか。その理由は、意識的にせよ無意識にせよ、われわれが、一九五〇年代から六〇年代にかけて絶頂期を迎えた近代化理論に由来する一連の想定に依拠し続けているからである。このことは、もし尋ねられれば、近代化理論は完全に信用を失ったと思うと答えるであろう政治理論家や社会科学者の多くにさえ当てはまる。一九五〇年代の過程で、「ポピュリズム」と見なされていたものを、より質素で「前近代的な」生活を希求する者たちによる不安や怒りの無力な表現として描き始めたのは、ダニエル・ベル、エドワード・シルズ、シーモア・マーティン・リプセット(みなマックス・ヴェーバーの継承者である)のようなリベラルな知識人であった。[21] たとえばリプセットは、「不平不満を抱いた者、心理学的にホームレスな者、……個人的に失敗した者、社会的に孤立した者、経済的に不安定な者、無学な者、洗練されていない者、そして権威主義的パーソナリティの持ち主」にとって、ポピュリズムは魅力的なのだと主張している。[22] これらの社会理論家たちの直接の標的は、マッカーシズムとジョン・バーチ協会[一九五八年に設立されたアメリカの反共主義的政治団体]だった――しかし、彼らの診断は、しばしば一九世紀末における本来のアメリカのポピュリストの反乱にまで拡張された。たとえばヴィクター・C・ファーキスは、農民同盟(Farmer's Alliance)と人民党(People's Party)の支持者たちを、まさにファシズムのアメリカ的な変種の先駆者と見なしていた。[23] このテーゼは確立したものとして残らなかった――しかし、その背景にある想定は、こんにちの社会・政治に関する多くの解説者の間にいまだに存在している[24]。

最後に、ポピュリズムは、最初に自らをポピュリストと呼んだ人びとと関連づけなければならないとする考えがある。そこで、一九世紀後半におけるロシアのナロードニキ(*narodniki*)と、彼らのイデオロギーであり、通例「ポピュリズム」と訳されるナロードニキ主義(*Narodnichestvo*)を想起してみよう。ナロードニキとは、ロシアの小農を理想視した知識人たちであり、農村共同体を国全体の政治モデルと見なしていた。彼らはまた、政治的な助言および指針として「人民のなかへ」を唱えた(多くの都市知識人と同様、ナロードニキは、「人民」が、彼らを望み通りには歓迎しなかったこと、そして知識人の想定した「純粋な生活様式」から推論された政治的処方箋を受け入れもしなかったことを悟った)。

多くの観察者は、一九世紀末にロシアとアメリカで同時に「ポピュリズム」と呼ばれるものが出現したのには理由があるに違いないと考えた。どちらの運動も農民や小農に関係があるという事実は、ポピュリズムは農民運動(agrarianism)と密接に関連している、あるいは急速に近代化した社会における反動的で経済的に遅れた集団の反乱であるという——少なくとも一九七〇年代まで流通していた——考えを生んだ。

そうした連想は現在ではほぼ消滅したけれども、とりわけ合衆国における「ポピュリズム」の起源からして、ポピュリズムが最下層の者を支援する、あるいは排除された者を政治に関わらせるという意味で、少なくともあるレベルでは「人民的（popular）」であるに違いないと、多くの観察者はいまだに主張している。これはラテンアメリカを一瞥すると強まる感覚であり、この地球上で最も経済的に不平等な大陸では、ポピュリズムの擁護者がつねにその包摂的で解放的な特徴を強調している。

もちろん、そうした連想を頭ごなしに禁じることはできない。歴史的言語とはそういうものであり、ニーチェがわれわれに教えたように、定義できるのは歴史をもたないものだけなのである。しかし、政治・社会理論はまた、ある特定の歴史的経験に単純に自らを固定することもできない――たとえば、あらゆる形態のポピュリズムがアメリカ人民党のテンプレートに合致すると想定することはできない[25]。われわれは、ポピュリズムについて妥当な理解をすることで、明示的にポピュリストを自称した歴史的な運動やアクターを「ポピュリストの範疇から」除外することになる可能性を考慮しなければならない。きわめて僅かな例外を除けば、ナチが自ら社会主義者と名乗っていたというだけで、社会主義を適切に理解するためには、国民社会主義《ナチズム》にしかるべき場所を与える必要があると論じる歴史家（あるいは、そうした歴史現象に関心を寄せる政治理論家）はいないだろう。しかし、どの歴史的経験が本当に特定の「――イズム」に当てはまるのかを決めるためには、もちろんわれわれは特定の「――イズム」の理論をもつ必要がある。では、ポピュリズムとは何か？

ポピュリズムのロジック

ポピュリズムとは、ある特定の政治の道徳主義的な想像(*moralistic imagination of politics*)であり、道徳的に純粋で完全に統一された人民――しかしわたしはそれを究極的には擬制的《フィクショナル》なものと論じるが――と、腐敗しているか、何らかのかたちで道徳的に劣っているとされたエリートとを対置するように政治世界を認識する方法である、とわたしは提示したい[26]。ポピュリストと認定するためには、エリート批判は必要条件ではあるが十分条件ではない。さもなくば、いかなる国でも権力者や現状を批判する者は誰でも定義上ポピュリストになってしまうだろう。反エリート主義者であることに加えて、ポピュリストはつねに反多元主義者である。つまり、ポピュリストは、自分たちが、それも自分たちだけが、人民を代表すると主張するのである[27]。権力を握っていないときには、他の政治的競争相手はまさに非道徳的で腐敗したエリートの一員なのだとポピュリストは言う。政権につくと、彼らはいかなる正統な反対派(opposition)も認めようとはしない。また、ポピュリストの核心的な主張は、ポピュリスト政党を実際に支持しない者は誰であれ、最初から人民にふさわしい一員ではないということを含意する。フランスの哲学者クロード・ルフォールの言葉を借りれば、想像上の真の人民は、まずもって実際の市民の総体から「抽出された(extracted)」ものであるだろう[28]。そして、この観念的な人民は、道徳的に純粋で、その意志において不可謬なものと想定されるのだ。

ポピュリズムは、代表制民主主義の導入とともに出現する。前者は後者の影である。ポピュリストは、政治理論家ナンシー・ローゼンブラムが「全体論(holism)」と呼んだものに憧れている。つまりそれは、政体(polity)はもはや分裂すべきではないという考えであり、人民はひとつであることが可能であり、そして――彼らの全てが――ひとつの真の代表者をもつことができるという理念である[29]。それゆえ、ポピュリズムの核心的な主張は、反多元主義の道徳化された一形態である。この主張にコミットしない政治アクターは、要するにポピュリストではない[30]。ポピュリズムは、経験的ではなく道徳的な意味で理解された、全体に代わりうる一部分（*pars pro toto*）という論拠と、排他的な代表への要求を必要とする[31]。別言すれば、全体としての人民の名において語る者がいなければ、ポピュリズムはありえない。ジョージ・ウォレスによる悪名高いアラバマ州知事就任演説を思い起こしてみよう。「いままでにこの地を歩んだ最も偉大な人民の名において、わたしは砂塵のなかで一線を画し、暴政の足下に挑戦状を叩きつけ……そしてこう宣言します……いまも分離（segregation）を……明日も分離を……永遠の分離を[32]」。人種分離は永遠には続かなかったが、それについてウォレスが言ったことは彼の評判を永遠に傷つけた。それは明白に人種主義だからだ。しかし、ウォレスがポピュリストであることを示すレトリックは、「いままでにこの地を歩んだ最も偉大な人民の名において」と排他的に語った彼の主張にある。いったい何がこのアラバマ州知事に全てのアメリカ人――ただし「暴政」の支持者たち、すなわちケネディ政権や、人種分離を終わらせるために活動している人びとの支持者を明らかに除いたもの――の名において語る権利を与えたのだろうか。そして、いったい何が彼に、「真のアメリカ」が彼の言う「偉大なアングロサクソンの南部（the Great Anglo-Saxon Southland）」であると主張することを許したのだろうか[33]。明らかに、合衆国において善でありかつ真正なものはみな南部のものとされており、ウォレスはこう叫んでいる。「古きニューイングランドの揺るぎなきパトリオティズムの生まれながらの息子たち、娘たちよ……偉大な中西部の屈強な人びとよ……開拓者の自由の精神を燃やす極西部の末裔たちよ……わたしたちはあなた方を招き、わたしたちと共にあるよう求めます……あなたたちは南部の心(mind)を……南部の精神(spirit)を……南部の哲学をもっているのです……あなた方もまた南部の人なのであり、わたしたちと共に闘う兄弟なのです」。この演説の最後あたりで、ウォレスは、ほとんど全ての建国の父は南部の人だったと主張している(34)。

これがポピュリズムの核心的な主張である。一部の人民のみが真に人民なのである。ナイジェル・ファラージがブレグジットの投票結果［二〇一六年六月二三日、イギリスのEU残留・離脱を問う国民投票が実施され、離脱派が勝利した］を「真の人民の勝利」だと主張して賛美したことを思い起こしてほしい（こうしてイギリスのEU離脱に反対した四八パーセントのイギリス選挙民は、真の人民ではない何かにされてしまう——より直接的に言えば、政治共同体の正式なメンバーとしての彼らの地位に異議が唱えられているのだ）。あるいは、あまりに激しく攻撃的で常軌を逸した発言を頻繁にするので、ほとんど気にも留められなかったニューヨークの億万長者ドナルド・トランプの見解を思い起こしてほしい。五月の選挙キャンペーン集会で、トランプは「ただひとつ重要なことは、人民の統一(the unification of the people)である——なぜなら、他の人びと(the other people)などどうでもよいからだ」と宣言していた(35)。

［古典古代の］ギリシャとローマの時代以来、「人民」は少なくとも三つの意味で用いられてきた。第一は、全体としての人民というもの（つまり、政体の全ての構成員、あるいは「政治的統一体(the body politic)」と呼ばれてきたもの)。第二に、「庶民(common people)」というもの(平民(commoners)から成る共和国《レス・プブリカ》の一部。あるいは現代的に言えば、排除された者、虐げられた者、忘れられた者)。そして第三に、明確に文化的な意味で理解された、全体としての国民(nation)というものである。(36)

「人民」へのアピール全てをポピュリズムと見なすのは明らかに適切ではない。人民の理想化(バクーニンが「人民は道徳的真理の唯一の源泉である……そしてわたしの念頭にあるのは、ブルジョワ文明に汚染されていない、悪漢や卑劣漢と呼ばれている者たちである」と述べたことを想起せよ)は、必ずしもポピュリズムではないだろう。一九世紀後半のロシアのナロードニキは、まさにこの点でポピュリズムと理解されているのだけれども。また、そこまで明白ではないにせよ、「庶民」や排除された者の擁護も——たとえエリートに対するあからさまな批判を含むとしても——、ポピュリズムの証左としては不十分である。というのも、ある政治的なアクターや運動をポピュリストと呼ぶには、人民の一部が人民そのものである(a *part* of the people *is* the people)と主張していなければならない。そして、ポピュリストだけが、この本当の、あるいは真の人民を正しく発見し、代表していると主張していなければならない。古代ローマに由来する言葉に置き換えるなら、プレブス(*plebs*)、つまり「平民」の利害のために闘うことはポピュリズムではないが、プレブスのみが(奴隷階級はもちろん、貴族階級《パトリキ》に対抗して)ローマ人民(*populus Romanus*)であると述べること——そして、ある特定の種類の人民《ポプラレス》(*populares*)のみが真の人民を正しく代表すると述べること——は、ポピュリズムである。同様に、マキアヴェッリのフィレンツェで、貴族(*grandi*)に対抗して人民(*popolo*)のために闘うことはポピュリズムと呼べないが、貴族がフィレンツェの一員ではないと述べることは、彼らがどんな言動をしようと、ポピュリズムであるだろう。

ポピュリスト自身は、しばしば仕事(work)と腐敗(corruption)という言葉で政治的道徳を把握する。ここからポピュリズムは、一部の観察者によって、別のイデオロギーである「生産者主義(producer-ism)」と結びつけられてきた。[37] ポピュリストは、純粋無垢でつねに勤勉な人民を、(自己利益のため以外には)実際には働かない腐敗したエリートと対置する。また、右翼ポピュリズムにおいては、「人民はエリート以外に」社会の最底辺層(彼らもまた実は働かず、寄生虫のように他人の仕事で生きているとされる)とも対置される。アメリカ史においては、アンドリュー・ジャクソンの支持者が、頂点の「貴族(aristocrats)」と、自分たちより下層のネイティブ・アメリカンおよび奴隷たちの双方と対決したことを想起してほしい。[38] 概して右翼ポピュリストも、本当は人民の一員ではないエリートと、やはり人民から区別されるマージナルな集団とが共棲関係にあることを自分たちは見抜いていると主張する。二〇世紀のアメリカでは、これらの集団は、たいてい前者はリベラルなエリートであり、後者は人種的マイノリティである。バラク・オバマの出生証明書をめぐる論争は、このロジックを滑稽なほど明瞭かつ文字通りにあぶり出した。右翼の目には、大統領は「東西海岸を行き来するエリート(bi-coastal elite)」と、アフリカ系アメリカ人という他者――いずれも実際には合衆国の一員ではないとされる――を同時に体現しているのだ。このことは、オバマが単に象徴的に非正統な(*illegitimate*)在職者であるだけでなく、明らかに違法な(*illegal*)者であること――虚偽の主張によって国家の最高職を強奪した「非アメリカ的な」人物であるということ——を立証しようという、「出生疑惑論者たち（birthers）」の異常な強迫観念を説明する（この強迫観念は、ビル・クリントンを「お前たちの大統領（your president）」と呼んだ一九九〇年代の右翼の傾向をはるかに超えている——大統領を完全に非正統なものにしようという基本的な衝動は似ているにしても）[39]。あるいはまた、中東欧諸国におけるポスト共産主義エリートとロマのようなエスニック集団、もしくはイタリアにおける（シルヴィオ・ベルルスコーニによると）「共産主義者」と不法移民を想起する人もいるだろう。前者の事例では、リベラルなポスト共産主義エリートが、EUのような外部の権力と結託し、真の故国とは異質な信念を支持しているがゆえに、〔人民の〕一員としてふさわしくないとされる一方、ロマ——ヨーロッパで最も差別されているマイノリティ——は、そもそも国民のなかにふさわしい場所をもたないとされる。たとえば、ハンガリーの極右ポピュリスト政党ヨッビクは、つねに「政治家の犯罪」を「ジプシーの犯罪」と類比している[40]。

ポピュリストは、道徳的な者と非道徳的な者、純粋な者と腐敗した者、トランプの用語では重要な人びとと「どうでもいい」人びと、これらを区別するような基準を用いて、政治の道徳主義的な概念化を進めている。しかしその区別〔の基準〕は、仕事（work）とその反対物〔腐敗や怠惰〕である必要はない。「仕事」〔という基準〕が確定し難いことが分かった場合、エスニックな指標が直ちに援用されるだろう（もちろん、人種主義者の思想は、しばしば説明抜きに、人種と怠惰を同一視する。誰も福祉の女王（welfare queen）〔社会福祉で女王のように贅沢な生活をしている人という意味で、福祉に反対するアメリカの保守派が用いるレッテル」が白人だとは想像しないのである)。しかし、ポピュリズムがつねにナショナリズムや民族に基づく排外主義(ethnic chauvinism)の形態をとると考えるのは誤りである。ポピュリストが道徳と非道徳を区別する手法は様々だ。だが、つねに必要とされるのは、道徳的に純粋な人民とその敵との何らかの区別である。また、この崇高な人民という想定は、ポピュリストを、他の反多元主義的な政治アクターから区別する。たとえば、レーニン主義者や、きわめて不寛容な宗教的アクターは、人民を、道徳的に純粋で、その意志が不可謬なものとは考えない。多元主義を拒否する者がみなポピュリストというわけではないのである。

そもそもポピュリストは何を代表すると主張しているのか?

通念に反して、ポピュリストは、代表という理念自体に反対しているわけではない。むしろ彼らは、ある特定のバージョンの代表を積極的に支持しうる。正しい代表者が正しい判断をして正しいことをするために正しい人民を代表する限り、ポピュリストは代表制と相性が良い。

それゆえ、誰が本当に人民に属しているかを決定することに加えて、ポピュリストは、真の人民が実際に望んでいることの内容について何がしかを語る必要がある。そして、たいてい彼らは、単一の共通善なるものがあり、人民はそれを認識し欲することができて、ひとりの政治家かひとつの政党

（あるいは、もっともらしさに劣るが、ひとつの運動）がそれを明快に政策として実行できると提示する。(41) この意味で、カス・ミュデとクリストーバル・ロビラ・カルトワッセルがポピュリズムの経験的事例に関する重要な研究で指摘したように、ポピュリストはつねに、少なくともある程度は「ルソー主義者」のように見えるのだ。すぐ後で触れるように、たとえポピュリズムとルソーの民主主義思想との間には重大な違いもあるにせよ、である。(42) さらにポピュリストは、単一の共通善を常識《コモン・センス》によって明確に把握でき、そこからみなが望むきわめて正しい政策を導き出すことができると強調する。このことは、なぜポピュリズムが過度に単純化された政策課題の理念と結びつくことが多いのかを、少なくとも部分的には説明してくれる。(43) たとえば、ハンガリーの右翼ポピュリスト指導者ヴィクトル・オルバーンは、二〇一〇年と一四年の選挙前のディベートに参加しなかった（そのいずれの選挙でも彼は勝利を収めた）が、彼はディベートを拒否したことを次のように説明している。

われわれの前にある代案《オルタナティブ》は明らかであり、政策に特化したディベートはいま必要とされてはいない〔……〕木が道に倒れ、その周りに多くの人びとが集まったとき、何が起きるか。この場合、つねに二種類の人びとがいる。一方では、木を取り除く素晴らしいアイデアをもち、その素晴らしい理論を他者と分かち合い、助言をくれる人びと。他方では、木を道から除去し始めることがベストだとシンプルに理解する人びと……われわれは、経済再建に必要とされているのは理論ではなく、やらねばならないと誰もが知っていることを実行すべく働き始める三〇人の逞しい若者

だということを、理解する必要がある。(44)

ここでオルバーンは、正しい政策と、常識でたやすく気づけることを同一視している。やらねばならないことは明らかだ、価値や経験的エビデンスの重みに関するディベートは必要ない、というわけである。

しかし、それは必要である。すでにわれわれは、ポピュリストが政権を目指しているとき、彼らにとって正統な競争相手などありえないことを確認した——それゆえ、「奴らをみな打倒せよ！（*Abbasso tutti!*［伊］）」とか、「みんな出ていけ！（*¡Que se vayan todos!*［西］）」とか、「みんな追い出せ！（*Qu'ils s'en aillent tous!*［仏］）」とか、あるいはベッペ・グリッロの「V-Days」（「V」は *vaffanculo* = fuck off を意味している）といったスローガンが提示されるのである。同様に、彼らが政権にあるとき、正統な反対派といったものも存在しない。それにしても、もし彼らが人民の唯一の正統な代表だとすれば、どうしてポピュリストがまだ政権についていないということがありえるのだろうか。そして、彼らが権力を獲得したら、誰が彼らに反対することなどできるのだろうか。この点は、ポピュリストによる政治的代表の理解のきわめて重要な側面に関わってくる。つまり、彼らは、人民の意志の民主主義的な代表という考えを支持しているかのように見えるけれども、実際には「真の人民」（たとえば、ジョージ・ウォレスが愛用した「真のアメリカ人」といった観念）という象徴的な（*symbolic*）代表に依拠しているのである。ポピュリストにとって、「人民それ自体」は、既存の民主的手続きの外にある擬制的な存在であり、同質的で道徳的に統一されたものであり、その意志とされるものは、民主主義国における実際の選挙結果に対抗しうるものである。リチャード・ニクソン［第三七代米大統領、在任一九六九〜七四年］の有名な(あるいは悪名高い)「サイレント・マジョリティ」という考えが、ポピュリストたちの間で素晴らしい成功を収めたのは偶然ではない。もしマジョリティが沈黙していないのなら、それを真に代表する政府がすでに存在するだろうから。[45] もしポピュリスト政治家が選挙で失敗したら、それは彼もしくは彼女が人民を代表していないからではなく、マジョリティがまだ思い切って声をあげていないからだとされる。野党にいる限り、ポピュリストはつねに「世の中の(out there)」組織化されていない人民に訴えようとする――実際の選挙で正統と認められた在職者に対して、あるいは単なる世論調査に対してさえ、ポピュリストは、真の人民の意志を反映していないとして、実存をかけて反対するのである。

このような全ての政治形態や政治構造を超越した「人民」という観念は、戦間期に右翼の法理論家カール・シュミットによって理論化され、影響を及ぼしてきた。シュミットや、ファシストの哲学者ジョバンニ・ジェンティーレの著作は、ファシズムの方が民主主義それ自体よりも民主主義の理想を忠実に実現してみせることができると主張することで、民主主義から非民主主義への概念上の架け橋を提供した。[46] 逆に、オーストリアの法律家(そして民主主義の理論家)ハンス・ケルゼンのようなシュミットの敵対者は、議会の意志は人民の意志ではないし、そもそも明快な人民の意志といったものは実際には認識不可能なのだと主張した。ケルゼンによれば、われわれが確認しうるものは選挙結果のみであり、他のあらゆるもの(とりわけ諸政党を超越した利害を導き出せるような「人民」という有機的な統一体)は、結局のところ「メタ政治的な幻想」なのである[47]。

この幻想(*illusion*)という言葉は正当だろう。というのも、人民全体は決して把握できないし、代表されえない――とくに、市民はどんどん死んでいき、また新たに生まれてくるので、人民は一分たりとも同じままでありえない――からである。しかし、人民それ自体を実際に認識できると主張することは、つねに魅惑的である[48]。ロベスピエールはそれを容易にするために、(この点ではフランス革命が退位させた王のロジックに従って)自分は人民であると述べた。フランス革命の革命家たちは、人民主権の原理を象徴的に代表〔表象〕するために満足のいく方法を遂に見出せなかったとされている。人民全体はそうしたものとして姿を現すはずもなく、フリジア帽〔自由の象徴である縁なしの赤い三角帽〕や戴冠した青年、あるいはヘラクレスといった特定のシンボルも、まったく説得的なものにならなかった。ジャック＝ルイ・ダヴィッド〔フランスの新古典主義の画家〕はポンヌフ〔パリのセーヌ川に架かる橋〕に「人民」の巨大な像を建てようとした。その土台は王家のモニュメントを粉砕したもので造られ、像のブロンズは「人民の敵」である大砲を溶かしたものから調達されると考えられていた(その計画は承認されたが、原型しか造られなかった)。おそらく革命の最も重要なアクターである主権的人民は、「フランス人のヤハウェ」、つまり全く代表不可能なものとなった(言葉だけは提示することができた。革命祭では、ルソーの『社会契約論』からの引用をあしらった旗が持ち歩かれたのである[49])。

さて、ここでわれわれは、ポピュリストによる人民の代表と、ルソーの一般意志との主要な違いを明確にすべきだろう。ルソーにおける一般意志の形成は、市民による実際の参加を必要とする。他方でポピュリストは、適切な人民の意志を、たとえば「真のアメリカ人」であることといった、それが意味するものに基づいて察知することができる。一般意志(*volonté générale*)というよりは民族精神(*Volksgeist*)――「実質(substance)」や「精神(spirit)」、あるいはより率直に言えば「真のアイデンティティ」が決定を下すのであり、数の多さではないという、民主主義の捉え方である。意志を代表するというポピュリストの主張に最も近いのは、象徴的な実質のようなものを代表するといった主張であることが分かる。

とはいえ、ポピュリストはしばしば多くのレファレンダムを要求するではないかという反論もあるかもしれない。それはその通りである。しかし、ポピュリストにとってのレファレンダムの本当の意味を明らかにする必要がある。彼らは人民が継続的に政治に参加することを望んではいない。レファレンダムは、実際の市民の間で無限の熟慮のプロセスを開始させ、十分な考慮のうえで一定の人民の判断を生み出すことを意図したものではない。むしろ、レファレンダムは、経験的に実証可能な利害の集積の問題としてではなく、アイデンティティの問題として、ポピュリスト指導者が真の人民の利害だとすでに認識していたものを追認することに利用される。参加なきポピュリズムというのは、全く筋の通った命題なのである。実際、反エリート主義を、権力がつねに可能な限り広範に分散されるべきであるという意味で考えるならば、ポピュリストは本来的に反エリート主義者ですらない。すでに述べたように、ポピュリストは、自分たちが代表である限りは、代表制に賛成である。同様に彼らは、自らが人民を指導するエリートである限り、エリートに異論はない。それゆえ、トランプのような人物が実際に（狭義の政治エリートではないにせよ）既存のエリートの一員であると指摘したとしても、それが彼らに対する決定的な打撃になると考えるのはナイーブである。同じことは、スイスのポピュリストであるクリストフ・ブロッハー［スイス国民党］のような、ヨーロッパにおけるビジネスマン出身の政治家にも当てはまる。彼らは自らがエリートの一員だと思っており、彼らの支持者もそう考えている。重要なのは、適切なエリートとして、彼らが人民の信頼を裏切ろうとせず、人民が明確に述べた政治的アジェンダを実際に忠実に遂行しようと彼らが約束することなのである。

それゆえ、政権を握ったポピュリスト（次章で詳述）が、本質的に受動的な人民に対して、ある種の「世話人（caretaker）」のような態度をしばしばとるのも偶然ではない。イタリアにおけるベルルスコーニの統治を想起するとよい。その理想は、ベルルスコーニの支持者が家で快適にテレビを観て（できればベルルスコーニが所有するチャンネルで）、国をまさに巨大企業のように（しばしばイタリア会社（*azienda Italia*）と呼ばれる）首尾よく統治する騎士（*Cavaliere*）に国事を委ねることであった。広場に出て参加する必要はなかった。あるいは、ハンガリーにおける二〇一〇年以降の二度目のオルバーンによる統治を想起してもよい。オルバーン政権は（アンケートによる「国民諮問」という見せかけのプロセスを経たあと）真正とされた憲法を創ったが、その憲法を人民投票にかける必要を感じていなかった。

われわれはいまや、なぜポピュリストがしばしば「人民」と「契約」を結ぶのかをよりよく理解できるだろう（きわめてポピュリスト的なスイス国民党がそうだし、ベルルスコーニもハイダーも同様である。アメリカでは、ニュート・ギングリッチの「アメリカとの契約」を思い出す人がいるかもしれない）。[50] ポピュリストは、人民がひとつの声で語ることが可能で、政権獲得後にしなければならないことを政治家に正確に伝える命令委任（imperative mandate）的なもの（代表が自ら判断しなければならない「自由委任《フリー・マンデート》」とは反対のもの）を発することができると想定している。こうして、国会などの議会における面倒な熟議はもちろんのこと、議論する現実的な必要性すらなくなる。最初からつねにポピュリストは真の人民の忠実なスポークスマンであり、契約条件を履行する。しかし、実のところ、命令委任は現実に人民から発せられたものでは断じてない。人民が発したとされる詳細な指示は、ポピュリスト政治家による解釈に基づいているのだ。長らく政治学者は、完全に首尾一貫した単一の「人民の意志」などファンタジーであり、[51] かつてフアン・ペロン［元アルゼンチン大統領］が言ったように「政治指導者とは人民が望むことをする人物である」[52] とは誰も確実に主張できないと論じてきた。また、そこまで明白ではないにせよ、そうした［人民の］意志が存在すると言い張ることは、民主主義的なアカウンタビリティを弱める。ポピュリストはつねに人民に立ち戻り、「われわれは、あなたたちが望み、あなたたちがわれわれに権限を与えたことを正確に実行した。もし上手くいっていないとすれば、それはわれわれの落ち度ではない」と言うことができる。対照的に、自由委任は、命令委任と異なり、選挙期間――つまりアカウンタビリティのための期間――がめぐってきたら、代表者がどのように政治的判断を用いたかを正当化する責務を、代表者に課す。ポピュリストは、自由委任を非民主主義的なものだと主張することを好む。しかし、逆が真〔つまり、自由委任が民主主義的〕であり、代表の役割についての解釈が記されている民主主義的な憲法が、命令委任ではなく、自由委任を選択しているのは偶然ではないのである。

ポピュリストは、反多元主義を信念に基づいて道徳化し、組織化されていない「人民」という観念に依拠する。このことは、なぜポピュリストが、選挙結果が自分たちに不利だったとき、実際の経験的な選挙結果と「道徳的に正しい」投票結果とを頻繁に対置するのかも説明する。たとえば、二〇〇二年のハンガリー総選挙で敗北したあと、「国民が野党であるというのはありえない」と主張したヴィクトル・オルバーンを想起してほしい。あるいは、二〇〇六年にメキシコ大統領選に敗れたあと、「右翼の勝利は道徳的に不可能である」と論じた(そして自らを「正統なメキシコ大統領」と宣言した)アンドレス・マヌエル・ロペス・オブラドール〔左翼の民主革命党の政治家。イニシャルからAMLOという通称をもつ〕も。[53] さらには、過半数を得票した大統領が「マジョリティに逆らって統治している」と主張したティーパーティーの愛国者たちも。[54] オランダの下院(*Tweede Kamer*)を「にせものの政治家」がいる「にせものの議会」と呼んだヘールト・ウィルデルスの例もある。そして最後に、予備選挙における全ての敗北について、敵対者たちが詐欺を働いたのだという非難で応じ、システム全体――共和党全国大会自体も含んだ――が「不正操作されている」と先んじて主張したドナルド・トランプ。端的に言えば、ポピュリストたちの人民の意志を代表する能力が不十分であることが問題なのでは断じてない。むしろ、制度はつねに、いくぶん誤った結果をもたらしてしまうものである。たとえ制度がどれほど適切に民主主義的に見えたとしても、腐敗したエリートが人民を裏切り続けることを許すような、舞台裏で進行する何かがあるに違いない、となる。それゆえ、陰謀論は、ポピュリストのレトリックの奇妙な付属物などではない。陰謀論は、まさにポピュリズム自体のロジックに根差したものであり、ポピュリズムのロジックから生まれるものなのだ。

ポピュリスト・リーダーシップ

一見したところ、多くのポピュリスト指導者は、「われわれとそっくり」だとか、「人民に属する男たち(あるいは女たち)」だといった期待を裏づけているように見える。しかし、何人かの指導者は明らかにそうした描写に当てはまらない。ドナルド・トランプはいかなる面においても確実に「われわれとそっくり」ではない。実際、現実のポピュリスト指導者たちは、まさに「われわれ」――つまり普通の人びと――とは正反対の人びとのようにも見える。彼あるいは彼女はカリスマ的存在で、たとえば並外れた才能に恵まれているに違いない。では、いったいどちらだろうか？　ウゴ・チャベスはまさに平均的な人間なのか？　あるいは、自ら好んで表現したように、彼は「あなたたちみんなのなかの少数者(a little of all of you)」であり、いくぶん特別な人間なのだろうか？

一見したところ、選挙のメカニズムを通した代表の基本的なロジックは、ポピュリストにも当てはまるように思える。人民の判断として、共通善を認識する彼もしくは彼女の優秀な(*superior*)能力のゆえに、ポピュリスト政治家には票が投じられる[55]。このことは、われわれは投票によって「最良の人」を政権につけるという、選挙の一般的な理解と違いはない（こうした考えから、一部の観察者は、選挙はつねに貴族政的な要素を含むと論じる。もしわれわれがあらゆる市民は平等だと本当に信じるなら、まさに古代アテネの場合と同様に、公職に就くためには抽選を要するだろう[56]）。選出された人は、共通善をより巧みに認識できるように見えるだろう。なぜなら彼もしくは彼女は、われわれと重要な特徴を共有しているからである。しかし、このことは必然ではない。いかなる場合においても、厳密に言えば誰もわれわれと「同一（identical）」ではありえない。「ジョー・ザ・プラマー（Joe the Plumber）」［二〇〇八年の米大統領選中にオバマに増税案について質問し、共和党から「一般の有権者代表」として宣伝され、一躍有名になったオハイオ州に住む配管工（Plumber）の男性］でさえ、誰よりも普通であるがゆえに、ある意味で特別である[57]。

　実際にポピュリストのリーダーシップはどのように機能するのか。その手がかりは、オーストリアの極右ポピュリスト政治家ハインツ＝クリスティアン・シュトラーヒェ（イェルク・ハイダーの後継としてオーストリア自由党党首に就任した人物）の選挙スローガンにあるかもしれない。それは「彼はわれわれが望むものを望む（*ER will, was WIR wollen*）」というものであり、必ずしも「彼はあなたに似ている」と同じ意味ではない。もしくは、「彼はウィーンが考えていることを語る（*Er sagt, was Wien denkt*）」というスローガンもあり、これは「彼はウィーンそのものを語る（あるいはウィーンそのものである）」とは異なる。あるいは、全く別世界のフィクションの政治家を引き合いに出すと、

『オール・ザ・キングス・メン』(これまでポピュリズムについて書かれた小説のなかで最も素晴らしいものであり、ルイジアナ州のヒューイ・ロングの経歴におおまかに基づいている)のなかのウィリー・スタークのスローガン「わたしの研究対象は人民の心である」というのもある〔『オール・ザ・キングス・メン』の作者はロバート・ペン・ウォーレンで、本作でピューリッツァー賞を受賞。一九四九年と二〇〇六年に映画化されている。ウィリー・スタークはルイジアナ州知事に成り上がる主人公。邦訳として、鈴木重吉訳『すべて王の臣』白水社、二〇〇七年〕。

指導者は、われわれが正しく考えていることを正しく認識し、しばしばわれわれが考えるほんの少し前に正しいことを考えている。敢えて言えば、これが、ドナルド・トランプが頻繁にツイッターに投稿する命令"THINK!"や"GET SMART!"の意味である。いずれも、カリスマに頼っているわけではないし、政治のアウトサイダーであることに依拠しているわけでもない。もちろん、明らかに既存のエリートの一員でない者が、既存のエリートに反対すれば、より信用度を増すだろう。しかし、ポピュリストが職業政治家と変わらないことが明らかな場合も存在する。たとえば、ヘールト・ウィルデルスやヴィクトル・オルバーンは、成人してからほとんどを議会で過ごしている。けれどもそのことが、彼らのポピュリストとしての立場を傷つけたようには見えない。

しかし、いかなるやり方で彼らはわれわれを代表し、またわれわれを「導く《リード》」と主張するのだろうか？　もし先に提示した分析が間違いないならば、「象徴的に正しい」代表がここでも問題となる。指導者はとくにカリスマ的な人格である必要はない。しかし、彼もしくは彼女は、人民の「実質

(substance)」ばかりか、全ての個々人と直接つながっているという感覚を与えなければならない。それゆえチャベスのキャンペーンは、「チャベスは人民である!("¡*Chávez es Pueblo!*")」とか「チャベスはわれわれ大衆であり、あなたもまたチャベスである!("¡*Chávez somos millones, tú también eres Chávez!*")」といったスローガンを前面に出したのである。そして彼の死後、人民は「チャベスのようになろう(*Seamos como Chávez*)」という新しい命法のもとに集った。

指導者は、「インディラ[・ガンディー]はインド、インドはインディラ」のような言明が示すように、人民を「体現する(embody)」必要はない。しかし、直接的なつながりと同一化の感覚(a sense of direct connection and identification)は必要とされる。ポピュリストはつねに、いわば仲介者を排除したがり、市民と政治家の間の媒介手段としての複雑な政党組織に可能な限り頼らないようにする。同様のことは、ジャーナリストとの関係を断ちたい欲求にも見られる。メディアは「仲介している(mediating)」として、ポピュリストからつねに非難される。メディアは、まさにその名が示すように、ポピュリストたちが実際にすることを「仲介する[伝える]」のだが、それはポピュリストから見れば、政治的現実を何らかのかたちで歪めているのだ。この現象についてナディア・ウルビナーティは、「直接代表(direct representation)」という、一見したところ矛盾するが、有益な概念を案出した。[58] 完璧な例は、イタリアのベッペ・グリッロと、文字通り彼のブログから生まれた五つ星運動である。普通のイタリア人が、グリッロのウェブサイトに直接アクセスすることで、何が本当に起きているかをチェックでき、オンラインで書き込むこともできる。こうして、唯一の真正なイタリア人民の代表としてのグリッロと同一化もできるようになるのである。グリッロ自身が説明するように、「民衆よ、こうすればうまくいく。あなたたちがわたしに知らせ、わたしが拡声器を操る」[59]。グリッリーニ(*grillini*)――グリッロの支持者たちはこう呼ばれる――が議席を得たとき、グリッロの参謀でインターネット起業家のジャンロベルト・カサレッジオは、ついに「イタリアの世論」自らが議会に到達したのだと説明した[60]。

おそらく、ドナルド・トランプのツイッターアカウントは、二〇一六年の大統領選キャンペーンで同じような魅力をもっていた。「真のアメリカ人」はメディアと関係を断つことができ、単なるセレブではない男に直接アクセスしている(というより、直接コンタクトしているという幻想を抱く)。自称「一四〇文字のヘミングウェイ」は、独自の方法で、あるがままのことを伝える。ここでは、モンテスキューやトクヴィル以来、リベラルが、影響力を穏健化するとして賞賛してきたもの――彼らが仲介的な諸制度(intermediate institutions)と呼んだもの――全てが、ウルビナーティが言う「直接代表」のために消失している。同様に、われわれがすでに考えていることと矛盾するものはみな、インターネットというエコー室で静められてしまう。ウェブ(およびトランプのような指導者)はつねに答えをもっており、そして驚くべきことに、それは偶然にもわれわれが期待しているものとつねに同じなのである。

信念に基づく反多元主義と、「直接代表」へのコミットメントということから、これまで散発的にしか言及されてこなかった、ポピュリスト政治のもうひとつの特徴が浮かび上がる。わたしが注目するのは、ポピュリスト政党が、ほとんどつねに内部的に一枚岩で、明らかに一般党員は単独の指導者に(あるいはそれほど多くはないが、指導者集団に)従属しているという事実である。ところで、政党の「党内民主主義」――実際にいくつかの憲法はそれを民主主義のリトマス試験紙と見なしており、それゆえ政党の正統性(そして究極的には合法性)と見なしている――は、ちょっと実現しそうもない希望なのかもしれない。いまだ多くの政党は、マックス・ヴェーバーが政党について述べたことと変わらない。つまり、理性的な議論のためのフォーラムではなく、指導者を選抜するためのマシーンであり、せいぜい個々人によって動くミクロ政治のアリーナといったところである。これが政党の一般的な傾向だが、ポピュリスト政党にはとりわけ党内権威主義の傾向がある。もし(何が共通善かについて、党派性および可謬性を自覚した解釈とは逆に)共通善がただ一つしかなく、それを忠実に代表する方法がただ一つしかないとするならば、唯一の正統な共通善の代表であると主張する政党の内部で意見の相違があることは、明らかに許されないだろう。[61] そして、唯一の「象徴的に正しい」真の人民の代表なるものがあるとすれば――すでに見たように、ポピュリストがつねに拠りどころとする理解だが――、それについて議論する必要もほとんど存在しないだろう。

ヘールト・ウィルデルスの[オランダ]自由党(*Partij voor de Vrijheid*:PVV)は極端な例である。この党は単に比喩としてワンマン政党というわけではない。ウィルデルスが、あらゆることと全ての者をコントロールしているのだ。当初、ウィルデルスと彼の参謀マルティン・ボスマは、政党の設立すら望まず、財団を設立しようとした。これは法的に不可能であることが判明したが、こんにちPVV

は、正確に言えば、二人［二つ］の構成員から成るひとつの政党として動いている。すなわち、ウィルデルス自身とウィルデルス・グループ財団（*Stichting Groep Wilders*）であり、（ご想像の通り）後者もまたウィルデルスが唯一のメンバーである[62]。議会におけるPVVのメンバーは単なる代理人に過ぎない（そして、毎週土曜日にウィルデルスによって、議会での振る舞い方や仕事のやり方について広範な指示を与えられている[63]）。いくらか同じことは、グリッロにも言える。彼は、自らが装うような、単なる「拡声器」ではない。彼は「彼の」議員に対して中央統制を敷き、彼に逆らおうとする者は除名する[64]。

さて、実際にはポピュリストはあちこちで妥協し、連立に入り、人民の唯一の代表という彼らの絶対的な主張を穏健化させている。しかし、このことから、結局彼らも他の全ての政党とそっくりなのだと結論づけるのは誤りだろう。彼らが（国民戦線のように）「戦線（front）」や「運動（movement）」や、さらには財団であろうとするのには理由がある[65]。政党（a party）がまさに（人民の）一部（a part）である一方、ポピュリストは、残余なき全体を表しているという主張を前面に出すのである。

実際には、人民の「正しい象徴的代表」の内容は、同じ党のなかでさえ、時が経てば変わりうることも明白である。フランスの国民戦線（FN）を想起してほしい。創設者ジャン゠マリ・ル・ペンのもと、党は当初、右翼の過激派や君主主義者、そしてとりわけ一九六〇年代におけるフランスのアルジェリア喪失を受け入れられなかった者たちの集結地点だった。しかし近年では、ル・ペンの娘マリーヌが、父の歴史修正主義（ガス室を「歴史上の些細な出来事」と呼んだことで悪名高い）と関係を断ち、イスラムと、ドイツによるユーロ圏の経済的独裁という二つの脅威に対する、フランスの共和主義的価値の最後の擁護者として自らの党を提示しようとしている。毎年五月の第二日曜日〔近年は五月一日のメーデー〕に、国民戦線はパリ一区のジャンヌ・ダルク像前で集会を開き、フランスの独立と、真のフランスの人民主権と解釈されるものに向けて、象徴的に自らを捧げている。時代は変わり、共和国（*la République*）の主たる敵の特定を通して「真の人民」が喚起されるやり方も変わった。

そうした変容は、もしポピュリストの中心的な象徴的発言が空虚同然だった場合、よりたやすく生じるだろう。「アメリカを再び偉大にしよう」〔というスローガン〕は、人民がエリートに裏切られたということ、そしてトランプに反対する者は誰でも「アメリカの偉大さ」にも反対しているに違いないということ以外に、いったい何を意味しているというのか？　ジョージ・ウォレスの「アメリカのために立ち上がれ」（彼の成功したスローガン「アラバマのために立ち上がれ」の全米バージョン）とは、合衆国が犠牲者となっているということ、そしてウォレスを批判する者は誰でも自動的にアメリカを擁護することはできないということ以外に、何を意味したというのか？

再論——では、誰もがポピュリストではないのか？

すでに見たように、ポピュリズムは、政治世界を想像するひとつの明白に道徳的な方法であり、排他的かつ道徳的な代表への要求を必然的に含む。もちろん、道徳性について語るのはポピュリストだけではない。ほぼあらゆる政治アクターがマイケル・サワードの言う「代表要求」を主張するように[66]、全ての政治的言説は道徳的な要求を伴って発せられる。同時に、「われわれはただの一派閥である。単に特殊な利害を代表しているに過ぎない」と言ってまわる政治アクターはほとんどいない。自分たちの対立候補が自分たちと同様に正しいと認める者はさらに少ないだろう。政治的競争や区別のロジックはそうしたことを不可能にする。民主主義的な政治家をポピュリストから区別するものは何かというと、前者は仮説のような形式で代表を主張し、選挙などの正規の手続きや制度の実際の結果に基づいて、経験的に反証できるようにしていることである[67]。あるいは、パウリナ・オチョア・エスペホが論じるように、民主主義者は、自己限定的で可謬なものと解される人民について主張を展開する[68]。ある意味で彼らは、ベケットの『いざ最悪の方へ（*Worstward Ho*）』のなかの有名な一節、「何度試みて失敗しても、気にすることはない。また試みて、また失敗せよ。以前よりうまく失敗すればよいのだ（Ever tried. Ever failed. No matter. Try again. Fail again. Fail better.）」という言葉に同意しなければならないのである。

それとは対照的にポピュリストは、何が何でも自らの代表要求に固執する。彼らの要求は――経験的なものではなく――道徳的かつ象徴的な性質をもつので、反証することができない。野党にあるときは、ポピュリストは、「道徳的に誤った」結果を生み出す諸制度に疑いを投げかけるに違いない。それゆえ彼らは「制度の敵」と正確に評しうる。ただし、制度一般の敵ではない。彼らはただ、排他的な道徳的代表への彼らの主張を正当化できない代表メカニズムの敵なのである。

非ポピュリスト的な政治家は、選挙演説の際に、単に一派閥のために語ろうとはしない（とはいえ、語る者たちもいる。少なくともヨーロッパでは、しばしば党名が、小自作農やクリスチャンのような、ある特定のクライアントを実際に代表するつもりであることを示している）。また、ありふれた民主主義的な政治家は、あらゆる党派的違いを超えて、政治共同体の基礎的な政治的諸価値を完成させる共通のプロジェクトに従事するといった、高潔な倫理に必ずしも同意しているわけではない[69]。しかし、大部分の政治家は、次のことを是認するだろう。つまり、代表が一時的かつ可謬なものであり、反対意見が正統なものであり、社会が残りの人［反対者］抜きでは代表されえないものであり、ある政党や政治家が民主主義的な手続きや形式から離れて永続的に真正な人民を代表することは不可能だということを。要するに彼らは、ハーバーマスが明快に述べた基本的な主張、すなわち「人民」は複数形でしか現れないという主張を暗黙のうちに受け入れているのである[70]。

要約すれば、ポピュリズムは、ある特定の心理学的な傾向の問題でもなければ、ある特定の階級の問題でもなく、単なる政策の問題でもない。ましてやスタイルの問題でもない。確かにジョージ・ウォレスは、決まって安っぽいスーツを身に付けて、「全てにケチャップをかける」とアメリカ人に語ったかもしれない。また、確かに一部のポピュリストは、ディベートのなかで（あるいはディベートのホスト役に対して）いかに無作法に振る舞うことができるか限界を試すかもしれない。しかし、一部の社会科学者が考えているように[71]、ポピュリストを単純かつ無難に「無作法（bad manners）」によって特定できるというのは、成り立たない。ポピュリズムは、単に「人民」に訴える動員戦略ではない。[72]それは、まさにある特定の言語を用いるものである。ポピュリストは、単にエリートを批判するだけではない。彼らはまた、彼らのみが真の人民を代表すると主張するのである。そうした言語を使うか否かは、主観的印象の問題ではない。キース・ホーキンズのような研究者は、ポピュリストが使う言語の諸要素を体系的に同定し、さらには様々な国におけるその発現を定量的に明らかにした。[73]それゆえまた、ポピュリズムの度合いについて有意義に語ることも可能だろう。重要な点は、このポピュリストのレトリックは識別可能だということである。さて、次の問題は、ポピュリストが彼らの理念を実践に移すとき、何が起きるかということである。

第二章

ポピュリストがすること、あるいは政権を握ったポピュリズム

ポピュリストたちはある種の政治的な空想の世界に住んでいるのだと結論づけたい誘惑にそろそろ駆られるかもしれない。彼らは、腐敗したエリートと、どんなことをしても不正にならない、道徳的に純粋で同質的な人民との間の対立関係を想像する。ポピュリストは、そうした人民の象徴的な代表として、自分たちがまだ統治していない汚い政治的現実との闘いを演じる。しかし、こうした空想は失敗を定められていないだろうか？

ポピュリスト政党は何よりもまず抗議政党であり、抗議では統治することはできない、なぜなら自らに対して抗議することはできないからだ（そして、政治アクターが政権を握ってエリートになったら、彼らが反エリート主義的なスタンスを続けることは単純に不可能になるだろう）、という通念がある。[1] さらには、ポピュリストが政権に到達すると、彼らは後光を失い、カリスマは日常的な議会のルーチンのなかで疲れ果てて「魔法が解ける」だろうという見解が存在する。あるいは、初期の（私の考えでは不完全な）ポピュリズムの定義に回帰すれば、ポピュリストの単純な処方箋は実行不可能であることも直ちに露見するだろうと考えられるかもしれない。反政治は現実の政策を生み出すことはできない、と。

政権を握ったポピュリストはいずれにせよ失敗するに決まっているという見解は、慰めにはなるだろう。しかし、それもまた幻想である。たとえば、ポピュリスト政党は確かにエリートに対して抗議するのだが、このことは、ポピュリズムが政権を握ると矛盾をきたすことを意味しない。まず第一に、ポピュリスト政権のあらゆる失敗は、国内のエリートにせよ外国のエリートにせよ、舞台裏で動くエリートのせいにされるだろう(ここでわれわれは再び、ポピュリズムと陰謀論のほぼ必然的なつながりを確認できる)。多くのポピュリストは、勝者となったのちも、犠牲者のように振る舞い続ける。マジョリティが、虐待されたマイノリティのように行動するのだ。チャベスはつねに、自らの「二一世紀の社会主義」を妨害しようとする反対派――公式には政権の座を下ろされた「寡頭政(oligarchy)」――の黒い陰謀を指弾していた(それに説得力がなかった場合でも、彼はつねにボリバル革命[チャベスが自らの政策の旗印としたもの]のどんな失敗も、アメリカ合衆国の責任にすることができた)。同様に、レジェップ・タイイップ・エルドアンは、自らを勇気ある敗北者(underdog)として提示した。つねに彼は、イスタンブールのなかでも物騒な地区カスムパシャ出身のストリートファイターであり、トルコ共和国の古いケマル主義[共和国の建国者ムスタファ・ケマルに由来する世俗主義を中心とした信条]のエスタブリッシュメントたちに勇敢に立ち向かっていた――彼があらゆる政治的・経済的・文化的権力を手中に収めだしてから暫く経っても、そう振る舞ってきた。

政権についたポピュリストは、人民を二極に分裂させ続け、まさにある種の黙示録的な対立同然のものを人民に覚悟させる。ポピュリストは、できる限り多くの政治的紛争を道徳化しようとする(国連総会という世界的舞台で明言したように、チャベスにとって、ジョージ・W・ブッシュはまさに悪魔同然であった)。敵が不足することは決してない――そしてそれらはつねに、まさに人民全体の敵なのである。チャベスは、二〇〇二年に反対派によって率いられたゼネストのさなか、「これは親チャベスか反チャベスかの問題ではない……愛国者対故国の敵の問題なのだ」と宣言した。[2]「危機」は客観的な状態ではなく、解釈の問題である。しばしばポピュリストは、ある状況をしきりに危機として仕立て上げ、それを実存的な危機と呼ぶ。なぜならそうした危機は、ポピュリストの統治を正統化するのに役立つからである。言い換えれば、「危機」はひとつのパフォーマンスとなり、政治は包囲された状態の継続として提示されうる。[3]チャベスや、エクアドルのラファエル・コレアのような人物は、統治することを永続的なキャンペーンとして理解している——これはおそらく、非ポピュリスト的な政治家にも見出せる態度だが。しかしコレアは、大統領という自らの役割を、永続的に「動機づける人(motivator)」と理解することで、さらに数歩先に進んでいる。[4]

ポピュリストは、こうして不断に苦難を創り出すとともに、「人民に近いこと」を審美的に演出する。ヴィクトル・オルバーンは、毎週金曜日にハンガリー・ラジオで自らインタビューを受けている。チャベスは有名なテレビショー「こんにちは大統領(*Aló Presidente*)」の司会を務めていたが、その番組では普通の市民が電話をかけ、国のリーダーに自らの悩みや関心事を伝えることができた。そして、ときには大統領が、出演している閣僚に自ら指示を与えるように振る舞ったのである(かつてチャベスは、生放送で防衛相に戦車大隊一〇個をコロンビアとの国境まで派遣するよう伝えた)。ときには福祉政策が、カメラが回っている前で公表されたこともあった。ショーは六時間続くこともあった。現在では、コレアやボリビア大統領エボ・モラレスが、似たような自らのテレビ番組に参加している。[5]

以上のような実践を、ある種の奇妙な政治的伝承《フォークロア》として退けるか、あるいは「メディア・デモクラシー」および「観客デモクラシー(audience democracy)」(そこでは市民たちの政治的関与は主として権力者を観ることとなる)と呼ばれる現代において、全ての政治家に必須となった広報活動のようなものとして、相手にしない者もいるかもしれない。(6) しかしながら、ポピュリストがまさに固有の統治テクニックを用いていること――そしてこれらのテクニックが、ポピュリズムの核心的ロジックからして道徳的に正当化されうるということ――もまた事実である。政権を握ったポピュリストは、自らが人民の唯一道徳的に正統な代表であること、そしてさらに、一部の人民のみが実際に現実の真正な人民であり、その人民こそが支持に値し、究極的には善き統治に値するという議論を、例外なく拠りどころとする。このロジックは三つの別個のかたちで姿を現しうる。すなわち、[第一に]国家のある種の植民地化、[第二に]大衆恩顧主義《クライエンテリズム》、および政治学者がしばしば「差別的法治主義(discriminatory legalism)」と呼ぶもの、そして最後[第三]に市民社会の体系的な抑圧である。そうした実践に取り組むのは何もポピュリストだけではないが、ポピュリストに特有なのは、それらをきわめて公然と行いうることである。彼らは自らの行為が道徳的に正当化されると主張するし、国際的な舞台では、少なくとも彼らには民主主義者としての評判を維持する絶好の機会がある。ポピュリストによる実践をありのままに暴露することは、想定されているほどには、ポピュリストにとってダメージにならない。なぜなら、彼らは適切な民主主義の概念を実行に移しているのだと断言するだけだからだ。これらの直観に反するような諸主張について、より詳細に説明していきたい。

ポピュリストによる三つの統治テクニックとその道徳的正当化

まず第一に、ポピュリストには、国家を植民地化、あるいは「占拠（occupy）」する傾向がある。近年の例として、ハンガリーとポーランドを見てみよう。ヴィクトル・オルバーンと彼の党フィデスが追求した最初の抜本的変化のひとつは、公務員法の変更だった。それは、非党派的であるべき官僚ポジションに、党が体制擁護者を任命することを可能にするためのものであった。また、フィデスも、「ポーランドの」ヤロスワフ・カチンスキの党「法と正義」（P・i・S）も、直ちに司法の独立性を脅かし始めた。既存の司法手続きは改正され、新しい判事が任命された。システム全体の改変が困難だと判明したところでは、現在のポーランドのように、司法権の無力化が政権党にとって好ましいセカンド・ベストであると示された。メディアの権限も即座に攻略されている。ジャーナリストは国民の利害（もちろん与党の利害と同一視されている）を侵害するような報道をすべきではないという露骨なシグナルが発せられた。影の「ネットワーク」が自党をしきりに邪魔していると長く信じていたカチンスキにとって、諜報機関を統制下に置くことも重要であった。これらの措置のいずれかを批判した者は誰でも、（人民の正しい代表としてポピュリストが最終的に取って代わろうとしている）古いエリートの言いなり、あるいは全くの裏切り者（カチンスキは「遺伝子のなかに反逆罪」をもつ「最悪の種類のポーランド人」という言葉を使った）と中傷された。最終的な帰結は、政党が、自らの政治的嗜好と自らの政治的イメージに従ってひとつの国家を創り出すということである。

このように権力を固め、さらにそれを永続化させようという戦略は、もちろんポピュリストの専売特許ではない。ポピュリストに特有なのは、彼らが公然と、また人民を道徳的に代表しているという核心的な主張に支えられて、そうした植民地化に着手できることだ。ポピュリストたちは憤然として次のように問うだろう。なぜ人民が、自分たちの唯一の正しい代表を通じて、自らの国家を占有してはいけないのか？　なぜ、公務の中立性の名のもとで真の人民の意志を遮っている者たちがパージされてはいけないのか？　国家は正当にも人民のものである。国家は異質な機構のようなものとして人民と対峙すべきではない——むしろ、人民が適切に国家を占有すべきなのだ。

第二に、ポピュリストは大衆恩顧主義《クライエンテリズム》に専心する傾向がある。つまり、エリートによる物質的ないし非物質的な恩恵を、大衆の政治的な支持と交換することである。こうした行為もまた、ポピュリストに限ったものではない。多くの政党が、自分たちのクライアントが投票してくれたことに対して報いようとする。もっとも、ケルンテン［オーストリア南部の州］の街頭で「彼の人民」に一〇〇ユーロ紙幣を文字通り手渡した、オーストリアの第一級のポピュリストであるイェルク・ハイダーほどの者は稀であろうが。一部の観察者は、リアリスト的な視座から、大衆恩顧主義と民主主義の初期形態は大なり小なり同じものだと考えている。というのも、恩顧主義は、いくらか意味のある政治的互恵関係を打ち立て、わずかばかりのアカウンタビリティを確保するからである。[7]　ポピュリストを特有のものにしているのは、繰り返しになるが、彼らが公然と、そして公的な道徳的正当化に支えられて、そうした実践に着手できることである。なぜなら、彼らにとって一部の人民のみが、まさに真の人民（*the* people）であり、正しく自らの国家からの支援に値するものだからである。

同様に、一部の人民のみが法による十全な保護を享受する一方で、人民の一員ではない者、さらに言えば、人民に反する活動に従事していると疑われた者は、厳しく扱われるようになるだろう（これが「差別的法治主義」であり、「わが友には全てを、わが敵には法を」〔一九三〇〜四五年および五一〜五四年にブラジル大統領を務めたジェトゥリオ・バルガスの言葉とされる〕という考え方である）。[8]

一部のポピュリストは、大衆恩顧主義のために自由に利用できるリソース、さらには体制を支持する階級全体を効果的に強化するために利用可能なリソースを手中にするという幸運に浴した。チャベスは、石油ブームから決定的に利益を得た。[9] また、とくに中東欧の体制にとっては、EUからの基金が、一部の権威主義的なアラブ諸国にとっての石油に相当するものとなった。つまり政府が、支持を調達するために、あるいは少なくとも市民を黙らせるために、戦略的に補助金を利用することができるのだ。そのうえ彼らは、自らの理想の人民イメージに合致し、体制に忠実な社会階層を形成することができる。チャベスは、まさに「ボリバル革命」の結果として大成功したボリブルジョワジー（*Boliburguesía*）を創り出した。エルドアンは、自らの公正発展（AK）党のもとでの経済ブームによって生み出された、アナトリアの中流階級の揺るがぬ支持を享受し続けている（また、この中流階級は、一方では西洋化された世俗主義的なエリートと異なり、他方ではクルド人のようなマイノリティとも異なった、敬虔なムスリムのトルコ人という、ひとつの理想のイメージを体現している)。ハンガリーのフィデスは、オルバーンの「キリスト教国民的《クリスチャン＝ナショナル》」な文化というヴィジョンに合致した、経済的成功と(子供をもつことは多くの恩恵をもたらすといった)家族の価値観と宗教的献身とをひとつの全体に結びつける新しい社会集団を築いた(10)。

繰り返しになるが、国家の植民地化、大衆恩顧主義、差別的法治主義は、歴史上の多くの場面で見られる現象である。しかし、ポピュリスト体制のもとでは、それらは公然と、また怪しいところだが、汚れのない道徳的な良心に支えられて、実践される。それゆえまた、腐敗としか言えないことが暴露されても、期待されたほどポピュリスト指導者の評判が落ちないといった奇妙な現象も生じる。ハイダーの自由党やイタリアの北部同盟は、彼らが長らく批判していた伝統的エリートよりも、はるかにひどく腐敗していることが判明した。けれども、どちらの政党もいまだに力を維持している(いまや北部同盟は、イタリアにおける主要な右翼の野党としてベルルスコーニの政党に取って代わるほどである)。自ら「国民の男(*Milletin Adamı*)」と公言するエルドアンは、腐敗スキャンダルによっても無傷のままである。ポピュリストを支持する人びとの認識では、腐敗や依怙贔屓も、非道徳的で異質な「彼ら」のためでなく、道徳的で勤勉な「われわれ」のために追求されたものと見える限り、さしたる問題ではないのだ。それゆえ、リベラルが、自らの課題はポピュリストの信用を傷つけるために腐敗を暴露することのみだと考えるのは、純真過ぎる期待である。彼らはまた、広範なマジョリティに向けて、ポピュリストの腐敗は何の恩恵も生み出さないこと、そして、民主的アカウンタビリティの欠如、官僚制の機能不全、法の支配の没落が、長期的には人民――その全て――を傷つけることを示さなければならないのである。

ポピュリストの国政術の重要な要素がもうひとつ存在する。政権を握ったポピュリストは、自分たちを批判する非政府組織(NGO)に対して(控えめに言っても)厳しくあたる傾向がある。またもや繰り返すが、市民社会を攻撃したり抑圧したりするのは、ポピュリスト特有の実践ではない。しかし、ポピュリストにとって、市民社会内部からの反対は、固有の道徳的かつ象徴的問題を生み出す。なぜならそれは、人民を道徳的に代表しているのは自分たちだけであるという彼らの主張を掘り崩す可能性があるからだ。それゆえ、市民社会が断じて市民社会ではなく、人民による反対派に見えるものも実際の人民とは全く無関係だと論じる(そして「証明する」ように見せる)ことが[ポピュリストにとって]不可欠となってくる。この点は、ロシアのウラジーミル・プーチン、ハンガリーのヴィクトル・オルバーン、ポーランドのP・iSのような統治者たちが、なぜわざわざNGOを、外部の権力に操られていると言って(そして彼らを「外国のエージェント」と断言することで)評判を落とそうとするのかを説明してくれる。ある意味で彼らは、ポピュリスト指導者の人民解釈に異を唱える者の口を封じるか評判を落とすことによって(そしてしばしば、異論者たちを人民から引き離すために、国から退去するインセンティブを与えることで)、彼らがその名のもとに語るところの、統一された(そして受動的な)人民を現実のものにしようとしている。(11) 言い換えれば、P・iS政府やフィデス政府は、P・iS国家やフィデス国家を創り出そうとするだけでなく、(しばしばある種の代替的な、政府に友好的な市民社会を打ち立てることによって）P・iS人民やフィデス人民を実在のものにしようとしている。ポピュリストは、彼らが最初からその名のもとに語っていたところの、同質的な人民を「実際にも」創り出すのだ。

そして、それは最後の大きな皮肉に至る。政権を握ったポピュリズムは、取って代わろうとしていたエスタブリッシュメントたちが統治者側だったときには反対していた、まさに排除や国家の強奪のもうひとつの変種を生み出し、それを強化し、提示することになる。(12)「旧いエスタブリッシュメント」や「腐敗した非道徳的なエリート」がいつもしていたようなことを、ポピュリストも――おそらく罪悪感もなく、一見したところ民主主義的な正当化に支えられながら――結局はすることになるだろう。

政権を握ったポピュリズムは「非リベラルな民主主義」と同義なのか？

さて、わたしの説明を辿ってきた読者はここで、なぜポピュリストは体制転換にまで突き進まないのか疑問に思うかもしれない。もし彼らが本当に自らの発言――つまり、彼らが人民の唯一の正統な代表だということ――を信じているのならば、なぜ完全に選挙を廃止してしまわないのだろうか？権力を争う他の者すべてが非正統だというならば、なぜ彼らを完全に政治的競争から排除してしまわないのだろうか？

この難問の答えは、必然的に推論的なものとなる。周知のように、権力を掌握したポピュリストの多くは、自らの限界を絶えず試している。たとえば、選挙法を改正したり、不都合なメディアに圧力を加えたり、厄介なＮＧＯに対して必要以上に税務調査をしたり。けれども、完全に民主主義と断絶するように見えるものはない。もちろん、われわれは彼らの思考や正確な目論見を知らない。しかし、少なくとも彼らが、剝き出しの権威主義のコストは単純に高過ぎると計算していると言うことは妥当だろう。公式に（*officially*）民主主義を廃止したり、あるいは少なくとも停止したりすれば、国際的な評判を多大に損なうからである（そして、国際的な物質的支援を失う可能性も伴う。とはいえ、近年のエジプトやタイの事例が示すように、たとえ時代遅れの軍＝官独裁（military-bureaucratic dictatorship）のようなものが出現しても、国際社会との絆が完全に断たれる必然性はないのだけれども）。

こうした露骨な権威主義からの撤退を見て、多くの観察者は、トルコやハンガリーの体制を、「非リベラルな民主主義国（illiberal democracies）」と呼ぼうとしている。しかし、この呼称は著しくミスリーディングであり、ポピュリスト的なアクターを制御する試みを実際に妨げている。「非リベラルな民主主義国」という名称のおかげで、カチンスキやオルバーンやマドゥロらの政府は、自分たちの国が単にリベラルでないだけで、いまだ民主主義国だと主張できる立場にある。これは単なる些細な意味論上の問題ではない。外部の観察者は、ポピュリズムが傷つけているのは民主主義それ自体であることをしっかりと認識すべきである。政治学者や政策分析者の間で「非リベラルな民主主義」という診断が普及していることに鑑みて、なぜその診断が誤っているかをいくぶん詳しく説明したい。

非リベラルな民主主義という用語は、選挙は行われるけれども、法の支配が守られず、とりわけ抑制と均衡《チェック・アンド・バランス》が損なわれているような体制を描写するものとして、一九九〇年代半ばに西洋の政策担当者たちの間でポピュラーなものとなった。アメリカのジャーナリストであるファリード・ザカリアは、多大な反響を得た論文[Fareed Zakaria, "The Rise of Illiberal Democracy," *Foreign Affairs*, Nov/Dec 1997]のなかで、人民に支えられた政府が、彼の言う「立憲的リベラリズム(constitutional liberalism)」の原則を決まって破棄していると主張した。立憲的リベラリズムには、政治的諸権利、市民的諸自由、そして所有権が含まれる。「非リベラルな民主主義」という診断は、一九八九年以後の全般的な哲学的および政治的後遺症の証である。共産主義体制が崩壊し、世界が民主主義に酔いしれた、あの浮き足立った日々には、マジョリティの支配と法の支配がつねに綺麗に調和するように思えた。しかしすぐに、選挙によって生み出されたマジョリティが、マイノリティを抑圧し、基本的諸権利を侵害するために利用可能なあらゆる権力を用いるようになった。このことがはっきりと意味するのは、政治的競争者が「勝者総取り」のメンタリティを示している諸国では、民主主義の危険を封じ込めるために、リベラリズムが強化されねばならないということだった。

このリベラリズムと民主主義の概念的な区分は、厳密には新しいものではない。「ブルジョワ民主主義」に対する左翼の批判者も右翼の批判者も、長らくその区別を巧みに操ってきた。きわめて大雑把に言えば、マルクス主義者たちは、資本主義のもとでリベラリズムが、市民の「私的自律」としばしば呼ばれるものを実質的に保護する(つまり、市場への参加者としての地位を保障し、国家に契約の執行者の役割を与えた）一方で、単なる「形式的な自由」と、ある種の偽りの政治的解放をもたらしたと非難した。右翼の側では、一九二〇年代にカール・シュミットが、リベラリズムは失効したイデオロギーだと主張した。リベラリズムは、一九世紀には議会で理性的に政策を議論するエリートを正当化した。しかし、大衆民主主義の時代においては、議会は個別利害間の利己的な取引の単なる覆いに過ぎなくなった。対照的に、真の人民の意志は、ムッソリーニのようなひとりの指導者によって代表されうる。同質的な人民による喝采が適切な民主主義の目印となり、それをシュミットは「治者と被治者の同一性」と定義した。憲法裁判所のような制度の非選出部分は、リベラリズムの守護者と理解されるが、本質的には非民主主義的なものとされた。

また、シュミットは、人民の「実質」と、選挙および世論調査の経験的な結果との間の決定的な概念的区分を行った――前章で論じたように、まさにポピュリストが決まって用いる区分である。ここでシュミットを省略せずに引用する価値はあるだろう。なぜなら彼の思想は、近年多く見られる、民主主義風の言語を装った権威主義への移行を説明するからである。

一億の私人の一致した意見は、人民の意志でもなければ、公論でもない。人民の意志は、過去五〇年できわめて入念に構築された統計装置〔選挙〕よりも、自明で反論し難い存在、すなわち喝采によって、いっそうよく表現されうる。民主主義的な感情の力が強ければ強いほど、民主主義は秘密投票の登録システムとは異なるものだという意識が確固としたものになっていく。直接的な民主主義と比べると、技術的な意味においてだけでなく、決定的な意味においても、議会は、リベラルな思考過程から生み出された、人工的な機械に見えてくる。それに対して、独裁的およびカエサル主義的な手法は、人民の喝采を生み出しうるのみならず、民主主義的な実質と権力の直接的な表現でもありうるのである。(13)

さらに最近では、一九八九年以後の世界におけるリベラリズムの覇権を批判する者たち——最も目立つのは左翼の理論家シャンタル・ムフである——が、「合理主義的な」リベラル思想は、民主主義に本来備わっている紛争および意見の相違のもつ正統性を否定するようになったと論じた。同時に、社会民主主義政党は、ネオリベラリズムに対する真っ向からのオルタナティブを提示するという課題を放棄してしまった。彼らが「第三の道」に収斂したことで、「選択なき選挙」(あるいは、かつてムフがあるインタビューで述べたように、コカコーラかペプシかの選択に過ぎないもの)が提示されているという感覚が、有権者の間に強まった。ムフによれば、この諸政党の収斂は、合意に達するための強制——これはジョン・ロールズやユルゲン・ハーバーマスの民主主義理論に見出しうるという——とともに、強力な反リベラルの対抗運動《カウンタームーブメント》を引き起こしており、その最も顕著なものが右翼ポピュリズムなのだという。

これら政治理論上の論争を越えたところで、「リベラリズム」は——合衆国では異なるにせよ、少なくともヨーロッパでは——制約なき資本主義を意味するようになってしまった。また、まさに合衆国と同様に、リベラリズムは、個人のライフスタイルの自由を最大化することを簡潔に表現する言葉にもなった。そして金融危機ののち、反リベラルを自ら掲げる新しい波が、「Lワード」[リベラリズムのこと]にまつわる曖昧さを利用し、異なる形態の民主主義への賛同を得ようとした。エルドアンは、伝統的なイスラムの道徳を強調しつつ、自らを「保守的な民主主義者」として提示し始めた。オルバーンは、二〇一四年の論争的な演説で、「非リベラルな国家」を創るという自らの計画を公にした。さらに最近の難民危機のさなか、このハンガリーの指導者は、ヨーロッパでは彼の言う「リベラル・ブラー・ブラー(liberal blah blah)」の時代が終焉し、大陸は彼の「キリスト教的かつ国民的」な政治ヴィジョンを受け入れるようになると宣告した。(14) ここでの「非リベラリズム」は、強者がつねに勝つと決まっているような無制約な資本主義に反対することと、同性愛者のようなマイノリティの権利の拡張に反対することの双方を意味しているように見える。市場と道徳の双方における制約をめぐることなのである。

さて、「非リベラルな民主主義」とは、必ずしも矛盾した言葉ではない。一九〜二〇世紀を通じて、ヨーロッパのキリスト教民主主義者の多くは、「非リベラル」を自称していた。実際、もし彼らの頑強な反リベラリズムに異論を唱える者がいたとしたら、彼らは気分を害しただろう。しかし、だからと言って、民主主義を運用する際の政治的マイノリティの権利の重要性(結局のところ、マイノリティは次の選挙でマジョリティになりうる)について、キリスト教民主主義者が理解できなかったわけではない。むしろ彼らは、権力者から保護されないということがマイノリティにとって何を意味するかを、実体験から知っていた。というのも、カトリックは、世俗国家による攻撃的な文化的キャンペーンの犠牲になったことがあるからだ（一九世紀後半のドイツにおけるビスマルクの文化闘争（*Kulturkampf*）を想起せよ）。また、キリスト教民主主義者は、裁判所のような非選出制度が非民主主義的だとも考えなかった。なぜなら、同様に彼らは、制約なき人民主権が宗教的マイノリティにとって何を意味しうるのかを経験していたため、彼ら自身が抑制と均衡《チェック・アンド・バランス》という考えに共感を抱いていたからである。したがって、「キリスト教民主主義者が「非リベラル」と自称する」理由は、単純に彼らが「リベラリズム」を、個人主義や物質主義《マテリアリズム》、そしてしばしば無神論と結びつけて考えていたからである（たとえば、フランスの指導的なカトリック哲学者であり、世界人権宣言の起草者のひとりであるジャック・マリタンを想起されたい。彼は、明らかにカトリック的な見地から、民主主義を支持することは可能だと論じる一方、リベラリズムは退けた）。こうした思想家たちにとって、「反リベラル」であるとは、基本的な政治的諸権利への尊重の欠如を意味せず、資本主義への批判――キリスト教民主主義者は私有財産自体の正統性には異議を唱えなかったが――や、伝統的で家父長的な家族理解の強調を示すものである。

　マリタンの事例のように、民主主義の非リベラルな哲学的基礎づけはありうる。そして、堕胎や結婚の権利が厳しく制限されている伝統的社会もありうる。わたしは、後者には反対すべき適切な理由があると考えるが、そうした諸権利の制限が民主主義の深刻な欠如を示していると論じるのは、奇妙なことだろう。どちらかと言えば、相対的に不寛容な――その意味で非リベラルな――社会として論じる必要があるかもしれないが、それは非リベラルな民主主義とは異なるものである。わたしたちは、非リベラルな社会と、言論および集会の自由やメディアの複数性やマイノリティの保護が攻撃に晒されている空間とを区別しなければならない。これらの政治的諸権利は、単にリベラリズム(あるいは法の支配)のみに関わるものではない。それらは民主主義自体を構成するものなのである。たとえば、投票日に与党が票を不正操作しなかったとしても、もし野党が自らの主張を一度も適切に訴えることができず、ジャーナリストが政府の失敗を報道することを妨げられているとすれば、投票は非民主主義的なものだろう。たとえ民主主義の定義を最小限のもの――人民の意思形成のプロセスを経たあとに、平和的な権力の移行を保証するメカニズムとしての民主主義――にしても、市民が政治について十分に情報提供されていることは重要である。さもなくば、とても政府は説明責任を果たしているとは言えないだろう。一九八九年以降に成立した多くの新興民主主義国が、基本的な政治的諸権利を保護し、政治および社会における多元主義を維持するために、憲法裁判所を設けたのは偶然ではない。そうした裁判所が(リベラリズムのみならず)民主主義それ自体の開花を究極的には助けるのだとして正当化されたのである。

もし批判者たちが「非リベラルな民主主義」[という呼称]を使って批判し続けても、オルバーンのような指導者は「どうもありがとう」と言うだけだろう。そうした批判は、ハンガリー首相が、まさに彼がなりたいもの、すなわちリベラリズムの反対者であることを確認するだけである。同時に、[「非リベラルな民主主義」という名称によって]オルバーンやカチンスキや他のあらゆるポピュリスト指導者は、この四半世紀にわたる失望にもかかわらず、いまだグローバルな舞台で承認されるための最も重要なチケットである「民主主義」をうまく自分のものにし続けるのである。そうした指導者たちにとってさらに都合が良いことに、「非リベラルな民主主義」という表現は、国民国家が民主主義を担い、EUのような存在がリベラリズムを担うという、規範の分業を追認してしまう。そしてEUは、よりいっそう荒々しい資本主義とリバタリアン的な道徳のエージェントに見えるよう仕立て上げられてしまう(たとえばロシアでは、同性愛を嫌悪しEUに敵対する多くの者が、「ゲイロッパ(Gayropa)」という非難を投げかけている)。と同時に、ポピュリスト政府は、多様性の名のもとに、さらにはマイノリティの権利という名のもとに、覇権的なリベラリズムに対する抵抗者として自らを提示することができる。「われらハンガリー人やポーランド人たちは、EUにおけるマイノリティであり、伝統的な道徳を信じ、西側のリベラルなエリートによって奨励された画一的なリベラルな普遍主義には屈しない」と言わんばかりである。ポーランドの外相ヴィトルト・ヴァシチコフスキを例に出そう。彼は、二〇一六年一月のドイツのタブロイド紙のインタビューで、「文化と人種の新しい混淆、あらゆる形態の宗教と闘うサイクリストとベジタリアンの世界」というヴィジョンを罵っている。ここでは、脆弱な、あるいは迫害すらされているマイノリティが、自らを防衛しているように見える——実際は、外相は議会にマジョリティを有する政府の立場で語っているのだが。

以上のこと全てからして、われわれは「非リベラルな民主主義」という軽率な呪文をやめるべきなのだ。ポピュリストは民主主義それ自体を傷つける。そして、彼らが選挙で勝利したという事実だけでは、彼らの企てに民主的正統性は付与されない(とくに彼らは、政権を握るための選挙キャンペーンで、広範な国制上の(constitutional)転換について言及することはほとんどないからである)。たとえ最初の選挙で正々堂々と勝利したとしても、いわゆる真の人民(対照的に、政治的敵対者は自動的に国民の裏切り者とされる)の名のもとに、ポピュリストは民主主義の制度的な仕組みに勝手に手を加え始める。この人民は、ポピュリストによってのみ正しく代表されうる、同質的な統一体だと想定される。カール・シュミットの用語で言えば、象徴的な実質は、シュミットが統計装置と呼んだもの[選挙]によって確認できる(票の)単なる数に勝る。正しい国民の意志とされたものは、手続きを凌駕し、あらゆる反対派の正統性を否認する――あるいは、あるPiSの議員が述べたように、「国民の善は法の上にある」のだ。

端的に言えば、ポピュリズムは民主主義的なプロセスを捻じ曲げるのである。そして、もし政権与党が十分なマジョリティを手にすれば、新しい憲法を成立させることができる。その憲法は、人民の手から国家を奪ったとされるポスト共産主義エリートやリベラルなエリートとは異なり、「真のハンガリー人」や「真のポーランド人」のための国家を自らのものにする試みとして正当化されるのである。もちろん、以前の[リベラルな]エリートたちが、経済的リベラリズムや、多元主義的で寛容な「開かれた社会」、そして(民主主義を構成する諸権利を含む)基本権の保護をしばしば同時に支持していたことも利用される。オルバーンは、「もはや故国はない、あるのは投資先だけだ」と述べることによって、開かれた社会を批判することができるのである。ポーランドでは、ドイツの経済的利害、悪と想定された「ジェンダー・イデオロギー」、そして憲法を擁護する市民社会の諸組織が、みな一緒くたにされ、まとめて攻撃された。要約すると、反資本主義と文化的ナショナリズムと権威主義的な政治は、絡み合って一体化するのである。

とはいえ、あまりに包括的な民主主義概念が、われわれに直面する政治的現実を理解する際に役立たないのとまさに同じように、あまりに広く権威主義の概念を定義してしまうことも問題であり、意図せざる政治的帰結を生み出す可能性がある。第一の〔民主主義を過度に包括的に考える〕場合では、ハンガリーとポーランドの政府を、彼らがいまだ民主主義国であると認めることで喜ばせてしまうだろう。第二の〔権威主義を過度に広く定義する〕場合では、きわめて抑圧的な体制が、自らがハンガリーやポーランドと同じカテゴリーに入れられたことで、喜んでしまうだろう。ハンガリーやポーランドでは、街頭でデモをしたり、批判的なブログを公開したり、あるいは新党を設立することが、まだ十分に可能である。ゲームは不正なのだが、政権にいるポピュリストを批判することによって選挙に勝利することは――まだ――不可能ではない。それゆえ、おそらくは「「非リベラルな民主主義」や「権威主義」よりも」「欠陥のある民主主義(defective democracy)」といった名称の方が、より適切だろう。[15] 民主主義は損なわれ、相当な修復を必要とするものの、独裁と呼ぶにはミスリーディングで時期尚早だろう。

また、EUにとっても、ハンガリーやポーランドのような「非リベラルな民主主義」とされた国家と向き合うとき、自分が何をしているかについて自覚的であることが重要だ。EUの活動のほとんどは「法の支配の保護」という枠に収められてきた。二〇一四年に公表された欧州委員会の新たなアプローチは「法の支配メカニズム」として知られている。それは、EU条約第二条に定められた諸価値(法の支配はそのうちのひとつ)に違反した疑いのある加盟国と、法の支配についての対話をまずは確立しようとするものである。対話――制裁ではなく――を通した加盟国の軌道修正が望まれている。確かに欧州委員会は、多くの刊行物のなかで、法の支配と民主主義が、一方が他方抜きではありえず、相互に繋がっていると主張する。しかし、公的言説では、ほぼもっぱら法の支配の方が強調されているという事実は、おそらく、国民国家が民主主義を担う一方、ヨーロッパはリベラリズムに関心があるだけだといった感覚を強めている。欧州官僚は、自分たちの関心が法の支配の保護と同じくらい民主主義にもあることを強調すべきである。

さらに、ハンガリーやポーランドの展開を批判する者は、「リベラリズム」が、残酷な市場競争としてだけでなく、強力で恣意的な(西欧の)利害としてもしばしば経験されてきた事実を直視すべきである。福祉の過酷な削減というハンガリーの現実があるなかで、企業を国有化し、多国籍企業から普通の人びとを保護するために進んで国家を用いる力強い指導者というオルバーンの自己表現は、きわめて効果的だった。彼は、「非リベラルな国家」というイデオロギーを選択する前は、「平民民主主義」にご執心だった。これは、プロパガンダとはいえ、一九八九年以後に政治的・経済的・道徳的なリベラリズムが収斂したように見えたため、反響を得た。もしリベラリズムと呼ばれるものが勝者にとってのみ善いもののように見えるならば、リベラルは自らのコミットメントを再考する必要がある。

かつてのハンガリーの反体制派であるG・M・タマースは、二〇〇九年に次のように述べている。「われわれは、自由、公開性、多元性、夢、希望、その他諸々の勝利を祝っていたが、すぐに消えてしまう泡のようだった。軽薄だったし、わたしは深く恥じている」。

また、ポピュリズムに対して民主主義を擁護する者は、西欧や北米における既存の民主主義がうまくいっていないという事実もごまかしてはいけない。確かにそれらは、最近ドイツの社会科学者ヴォルフガング・シュトレークが述べたような、単なる「外見だけの民主主義国(façade democracies)」ではない。また、ハンガリーのように、自らが有利になるように政治システム全体を作り直そうとする単一政党のものにもなっていない。しかし、西欧や北米の民主主義は、相対的に弱い社会経済的集団が政治プロセスに参加せず、自らの利害を有効的に代表させることができないという欠点に次第に苦しむようになっている。他方で、この[西欧や北米の]問題を、わたしがポピュリスト体制の特徴であると主張してきた、民主主義を構成する諸権利の意図的な削減や、反対勢力の排除と、単純に同一視することは誤りだろう。フィデスやP・i・Sが露骨に追求している状況とは異なり、有意味な政権の交替は[西欧や北米には]ありうる。しかし、政権をめぐる競争者間の差異はコカコーラとペプシの違い以上のものであるにせよ、ムフのような批判者たちにも一理あり、それに答える必要がある。二〇一五年にP・i・Sが勝利した際の分析のなかでデイヴィッド・オストがはっきりと述べているように、「問題は……人民が民主主義にコミットしていないことではない。確かに、こんにち多くの人民が民主主義にコミットしていないが、それは、ネオリベラルなラッピングに包まれた民主主義の方が彼らにコミットしていないと、彼らが感じているからである」。こんにち民主主義の擁護は、「平民民主主義」や「非リベラルな国家」といった正当化の不誠実さを暴き出す任務と同じくらい、この挑戦に取り組まねばならないのである。

ポピュリストの憲法――語義矛盾？

ポピュリズムを理解するためのアプローチがきわめて多岐にわたるにもかかわらず、際立っているのは、多くの観察者がある一点では合意しているように見えることだ――つまり、いずれにせよポピュリズムは、本来的に機構(mechanisms)に敵対的で、究極的には立憲主義に結びつく諸価値、すなわち多数派の意志の制約、抑制と均衡《チェック・アンド・バランス》、マイノリティの保護、さらには基本権に敵対的だということである[16]。ポピュリストは手続きに苛立つと想定され、指導者個人と人民とが仲介されない直接的な関係を好み、「制度」それ自体に反対しているとさえ言われる。この反制度主義という想定に関連するのが、ポピュリストは代表を嫌い、代わりに(レファレンダムのような)直接民主主義を選択するという非難――すでに第一章で触れ、そこである程度退けた非難――である。また、ポピュリズムが、いくつかの重大な欠点があるにもかかわらず、ある状況下では、あまりに人民から乖離してしまった自由民主主義を「矯正するもの」として役立つかもしれないという――政治哲学者と社会科学者の双方に広く行きわたった――印象も、反制度主義という想定に関連している。

この期待は不適切なのだが、それがいかにして生じてしまうかは、リベラルな立憲主義とポピュリズムに関する議論が、いくつかの不幸な特徴に苦しんでいることを考察すれば見えてくるだろう。第一に、そうした議論は、多数決主義の（逆から言えば、違憲立法審査の）メリットをめぐる論争としばしば結びつけられてきた。第二に、人民的（*popular*）立憲主義とポピュリスト的（*populist*）立憲主義との間の不明瞭な、あるいは認識不可能な区別が存在する。[17] そして、最も重要な三点目として、これは大間違いなのだが、「ポピュリズム」が、「市民参加」や「社会的動員」（逆から言えば、司法やその他のエリートの権力を弱めること）の代替物とされてきた。[18] 加えて、用いられる概念の曖昧さとは別に（あるいは、おそらくその曖昧さゆえに）、ポピュリズムと立憲主義をめぐる議論が——とくに合衆国では——すぐに感情的なものになるという事実もある。エリート主義や「民衆嫌い（demophobia）」という非難が飛び交い、理論家は「普通の人びとの政治的エネルギーに対する態度」が悪い、あるいは「衆愚政治」を促しているとして批判されるのである。[19]

そろそろ明らかになったと期待したいが、ポピュリストは概して「反制度」ではないし、政権を握ったら自滅すると決まっているわけでもない。彼らは、彼らから見て（経験的にではなく）道徳的に正しい政治的帰結をもたらすことができない制度に反対しているだけなのである。そしてそれは、彼らが反対派［野党］のときにだけ生じる。政権を握ったポピュリストは、制度と——つまり彼らの制度と——相性が良いのである。

十分な権力をもったポピュリストは、新しいポピュリスト的憲法を制定しようとするだろう——新たな社会政治的な調停(sociopolitical settlement)と、新たな政治的ゲームのためのルールの束(立憲主義に関する一部の学者が、政治の「操作マニュアル」と呼ぶもの)という、二つの意味で新しいポピュリスト憲法を目指すのである。ポピュリストは、無制約な人民意志の表現に配慮したシステムを追求したり、指導者と正しい人民(*pueblo*)との間の直接的で制度に媒介されない関係性を強化したりするだろうと考えられがちである。ポピュリストは、結局のところジャコバンの後継者だとしばしば考えられるのである。

だがここでも、ことはそう単純ではない。制約なき人民意志への要求は、ポピュリストが野党のときは、彼らにとって妥当なものである。結局のところ彼らは、既存の政治システムの実際の帰結[たとえば選挙結果]に対して、制度化も手続き化もされていない神秘体(*corpus mysticum*)としての人民(*populus*)の真正な表れをぶつけようとしているのだ[第一章の注48を参照]。そうした状況では、人民の声(*vox populi*)はひとつであり、抑制と均衡《チェック・アンド・バランス》や権力分立などは、単一で同質的な人民の単一で同質的な意志が明確に現出することを妨げていると述べることも、彼らにとっては筋が通っているのである。

しかし権力を握ると、ポピュリストは、彼らが人民の意志と解釈したものに制約を課す手段としての立憲主義について、それほど懐疑的でなくなる傾向がある——とはいえ、人民の意志(これは決して経験的にではなく、つねに道徳的に解釈される)がまずはポピュリストによって確定され、それに応じて立憲制度化(constitutionalize)されねばならないのだが。あるいは、マーティン・ラフリン[イギリスの憲法学者]による区別を採用するならば、積極的または建設的立憲主義のあとに、消極的または抑制的立憲主義が続くのである。[20]ポピュリストは、道徳的に純粋な人民(お望みならば、正しい立憲的アイデンティティと言い換えよう)という彼らが適切なイメージと考えるものの永続化を試み、それから彼らの人民イメージに合致するような政策を立憲制度化する。それゆえ、ポピュリスト的な立憲主義は、人民の参加を必ずしも特別扱いしようとはしない。さらに、ポピュリストは、ブルース・アッカーマン〔アメリカの憲法学者〕が提示したような、ひとりの指導者の「カリスマを立憲制度化する」ことをつねに試みるわけでもない。[21]

これらの――またしてもポピュリズムの根本をなす道徳的な要求によって説明される――特徴とは別に、ポピュリストには、憲法が果たす、より日常的な目標がある。つまり、ポピュリストが政権を維持するのを助けるという目標である。もちろん、この目標でさえ、人民の唯一正統な代表として、ポピュリストは永遠に政権にあるべきだという、ポピュリストの根底的な想定に関係した、道徳的な次元を有していると言えよう。そして、権力の永続化が目的となるならば、ポピュリストが憲法を単なる外見《ファサード》として扱い、その裏側で、これまでとはかなり異なる運用をする可能性もあるだろう。[22]おそらく、その目的にもはや役立たなくなったら、彼らは自らの憲法さえ犠牲にするだろう。ここで、ジャコバンが実際に適切な事例となる。ダン・エデルスタイン〔アメリカのフランス史家〕が示したように、ジャコバンたちの関心は、歴史家がしばしば想定してきたほどには、一般意志の忠実な表現にはなかった。[23]ジャコバンは、一般意志の腐敗を懸念し、人民の実際の意志(とそれに伴う脆さ)から全く独立した、ある種の自然権の実現を自らの願望としたのである。そして、彼ら自身の憲法〔九三年憲法、いわゆるジャコバン憲法」――およびそれに基づく選挙――がジャコバンを権力から除く恐れが生じたとき、彼らは躊躇なく憲法を停止し、無法(*hors la loi*)と見なされた者に対する恐怖政治を敷いた。

ポピュリスト立憲主義の全ての事例が、これほどドラマチックなわけではない(また、これほど恐怖政治的でもないのは言うまでもない)。近年の実例は、二〇一二年に施行されたハンガリー憲法――公式名称は「基本法」――である。この憲法に先立って、拘束力のない「国民アンケート」が実施され、政府によると、約九二万人の市民がそれに答えたという[24]。憲法起草者たちは、そのアンケートの結果を、自分たちの全般的な考えに合わせるために、自由に解釈することができた。二〇一〇年の総選挙で[フィデスは]議会で三分の二の多数を獲得して勝利したので、彼らはそれを「投票所での革命」と呼んだ(しかし、得票率は五三パーセントで、八〇〇万の有権者のうち二七〇万票を得たに過ぎない)。この「革命」は、新しい憲法と、新しい「国民協力システム」と政府が呼ぶものを打ち立てるための命令委任を付与したとされた。ヴィクトル・オルバーンは次のように説明する。「人民は……良き助言と命令を、[基本法を採決するにあたって]それを実行するハンガリー議会に与えた。この意味で、ハンガリー憲法が批判された場合、その批判は、政府に対するものではなく、ハンガリー人民に対するものなのである……。ヨーロッパ連合が採めているのは政府とではない。彼らはわれわれにそう信じさせようとしているけれども……実のところ、彼らはハンガリーを攻撃しているのだ」[25]。これらの同一視――政府を攻撃する者はみなハンガリー人民を攻撃している――には思わず息をのむ。それらはまた、教育的にきわめて有益である。なぜなら、稀に見る純粋さでポピュリズムのロジックを示しているからである。

新憲法の前文である「国民の信条」を読むと、ハンガリー人民のきわめて特殊なイメージが憲法に盛り込まれていることが分かる。そのイメージとは、敵に囲まれた世界で生き残りに専心する国民、良きキリスト者、正しいハンガリー人に「寄宿する」マイノリティから明確に区別された民族集団、といったものである。[26] 憲法が定める具体的な機構の構成を見てみると、ポピュリスト政権の永続化が明確に目指されている。裁判官の年齢制限と資格証明が、ポピュリスト与党の意に沿わない専門家を取り除くために導入された。憲法裁判所（基本法導入前は政府権力の重要なチェック機関だった）の権限と構成は再設計された。また、与党によって選ばれた公職者の任期が、明らかに将来の政府をも拘束することをねらって、異常に長く設定された（多くの場合、九年）。

つまるところハンガリー政府は、前ドイツ憲法裁判所判事ディーター・グリムが「排他的憲法」と呼んだもの、あるいは党派的な憲法と呼べるものを意図したのだ。そうした憲法は、多くのきわめて特定的な政策選好を変更不可能にする。非ポピュリスト的な民主主義国では、そうした選好をめぐる議論が、日々の政治闘争の対象であるにもかかわらず。[27] さらに、その憲法は、野党を二重の意味で排除した。つまり、彼らは憲法の起草にも採決にも参加しなかったし、憲法が政策選択の余地をきわめて抑制してしまったので、彼らの政治的な目標も、将来的な実現が妨げられた。別言すれば、新しい体制のもとで、憲法制定者は、選挙に負けたあとでさえ、自らの権力を永続化できるのである。

ハンガリー基本法は、国民アンケートで表明された考えを反映しているとされたものの、一度もレファレンダムにかけられなかった。対照的に、ラテンアメリカにおける多くの新憲法は、選挙で選ばれた憲法制定議会によって策定され、最終的には人民投票を求められた。ベネズエラ〔一九九九年制定〕とエクアドル〔二〇〇八年制定〕とボリビア〔二〇〇九年制定〕が、よく知られた事例である[28]。もともとの憲法は、憲法制定議会の形成過程のなかで事実上無効にされ、そののち創設的な「人民の意志」を永続させるとした文書によって置き換えられた。その創設的な意志は、つねに断固としてポピュリストによって形作られた。たとえばチャベスは、「彼の」憲法制定議会の選出方法をコントロールし、投票では彼の党の得票率は六〇パーセントだったのだが、憲法制定議会の議席の九〇パーセント以上が割り当てられるようにしたのである。

実際のところ、ポピュリストの理想は、行政部を強化する一方で、司法部の権威を落とすか、党派的なやり方で裁判官を配置する（あるいはその両方）というかたちで現実となった。新憲法への移行は既存の公職者の交替を正当化し、こうして新憲法は、「国家を占拠する」というポピュリストの計画に決定的に貢献したのである[29]。全体として、選挙は以前より自由や公正さを失い、メディアはより容易に行政部に統制されるようになった。さらにハンガリーの事例では、ポピュリストのみが唯一の憲法制定意志（*la voluntad constituyente*）を代表するという理念の名のもとに、新立憲主義（*nuevo constitucionalismo*）に基づく憲法が、ポピュリストの権力を永続させる条件を設定したのである。

さて、以上のことは、ポピュリストの憲法がつねに意図した通り正確に機能することを意味しない。それらは多元主義を無効にするために考案されているが、ポピュリスト体制が選挙を実施し、反対派が勝つチャンスがある限り、多元主義は完全には消えないだろう。しかしながら、そのときポピュリスト憲法は、深刻な憲法紛争を引き起こすだろう。二〇一五年一二月の選挙で野党連合の民主統一会議(Mesa de la Unidad Democrática：ＭＵＤ)が勝利し、少なくとも憲法を改正できる多数を手中にしたあとのベネズエラの状況を見よ。初めのうちマドゥロ大統領は、議会なしに(しかし軍とともに)統治をするぞと脅した。また彼は、選出された反対派のうち、三人の議員の正統性に異議を唱えるために何でもした(それにより、反対派が憲法改正に必要な定数に達するのを防ごうとしたのである)。行政部の権力──すでにチャベスが「彼の」憲法で異常に強化していたのだが──はまたもや拡大され、マドゥロは、議会の関与なしで、中央銀行総裁の任命・解任を可能にした[30]。しかし、それでもまだ十分ではなかった。さらにマドゥロは、「コミューンの議会(Parliament of Communes)」という形態の、ある種の対抗議会を創り出そうとしたのである(いわゆるボリバル・サークル[チャベスによるボリバル革命を支持する地域住民組織]の形成を通して、公式の議会と並ぶ正統性を生み出そうとした類似の計画は、最初にチャベス自身によって試みられ、大部分は失敗した[31])。対してＭＵＤは、マドゥロを打倒するため、レファレンダムの実施に力を傾注している。

ポイントは次の点である。ポピュリスト憲法は、非ポピュリストが政府を形成したときでさえ、非ポピュリストの権力を制限するために考案されている。それゆえ、紛争は不可避となる。憲法は、政治の枠組み《フレームワーク》であることをやめ、代わりに、政体を争奪するための純粋に党派的な道具となってしまうのだ。

人民は「われら人民」と言えないのか？

ここまでの分析の含意が、著しく保守的ではないかと思われるかもしれない。つまり、政治は公式の政治的諸制度の相互作用に限定されるべきであり、これらの諸制度が経験的な結果として示すものはみな正統と考えられ、人民による(*by*)主張は言うまでもなく、人民に関する(*about*)主張、あるいは人民のための(*for*)主張も禁じられる、と。しかし、それは誤解だろう。民主主義においては、誰もが代表を主張できるし、ある特定の支持層がそれに応答するかどうかを確かめることができる——あるいは、より詳しく言えば、どんな支持層が、市民がそれまで全く自覚していなかったような、グループ・アイデンティティの象徴的表現と同一《アイデンティファイ》化しようとするかを確かめることができる。実際、まさに民主主義は、かかる主張を増やすように考案されているとさえ言えよう。つまり、公的な代表の行為は競争的(contestable)であるべきであり、その競争(contestation)は、代表は代表し損ねている——有権者のために振る舞えていないとか、政治共同体の象徴的な自己理解に背いていることを意味する——という議論を含むことがあるだろう[32]。

街頭での抗議やオンラインでの請願など——これらすべては、純粋に民主主義的な意味をもつが、適切な民主主義的形態を欠いており、代議制に対抗する、ある種の民主主義的な切り札を生み出すことはできない[33]。いかなる場合でも、そうした競争は、人民全体の名において語る試み——そして、その主張に異議を唱える全ての者を道徳的に非正統化しようという取り組み――とは異なるのである。

しかし、世界の様々な場所で「人民の力(people power)」の名において奮闘している人びとはどうだろうか？　近年の例として、[エジプトの]タハリール広場でムバラク体制に抗議したデモ参加者たちは、「ひとつの手」や「ひとつの社会」や「ひとつの要求」といった表現を用いていた(「人民は髪を染めていない大統領を求める！」といった、より独創的なスローガンもあった)[34]。残念ながら、彼らは民主主義を適切に理解しておらず、立憲主義の解釈を誤る運命にあったと説教されるべきなのだろうか？

本書で提示した分析は、言ってみれば、排除に関する主張を決して排除していない。誰もがみな、既存の手続きを批判できるし、その道徳的な盲点を非難できるし、さらなる包摂のための基準や手段を提案できる。問題なのは、現在の取り決め(arrangements)が失敗しているという主張ではなく、批判者が、それも批判者のみが「人民」のために語ることができるという主張なのである。さらに問題なのが、ラディカル・デモクラットを自称する多くの理論家による――流行しているが、経験的にも規範的にも正当化されない――次のような想定である。つまり、全体に代わりうる一部分(*pars pro toto*)という主張のみが、それまで排除されてきた者たちにとって真に価値のあることを成し遂げることができ、それ以外の全ては、単なる行政か、既存の政治社会体制への取り込みに過ぎないというものだ[35]。この視座は、「われわれが、それもわれわれのみが人民を代表する」という主張が、確かにしばしば政治アクターに力を与えるかもしれないが、しかし政体の安定の長期的な確保をそれだけいっそう困難にするということを理解し損ねている。いったん競争が交渉の余地のないアイデンティティに関わる主張のレベルにまで高められてしまうと、おそらく紛争は終わらなくなってしまうだろう。

多くの憲法が、包摂のための闘いゆえに発展したこと、そして憲法に関する普通の「市民の解釈者」が、憲法典に含まれた未達成の道徳的要求を取り戻そうとしたがゆえに発展したということは、言い古されてきた(36)。しかし、包摂のために闘った人びとが「われわれが、それもわれわれのみが人民である」と主張することは滅多になかったのは、決して些末な点ではない。逆に、彼らは通例「われわれもまた人民である」と主張したのである（様々な指導者による「われわれもまた人民を代表する」という主張を伴いながら）。民主主義的な諸原理を備えた憲法は、ある特定の時代において、その諸原理が意味するものについて開かれた論争を許容していた。それはまた、新しい公衆（new publics）が全く新たな代表要求を論拠として出現することも許容した。それまで自分たちには共通点が多いと考えてこなかった市民たちが、代表されうるという思いがけぬアピールに反応し、突如ひとつの集合的アクターとして――（ハンナ・アーレントによって有名となった表現を援用するならば）協調して活動する（acting in concert）ことができる個人として――自らを見なすことができるのだ。たとえば、トロントの風変わりな市長ロブ・フォード［在任二〇一〇〜一四年］によって生み出された「フォード・ネイション」を思い起こしてほしい。あるいは、自分たちは、冷笑的なエリートの批判者が言うトランペンプロレタリアート（*Trumpenproletariat*）などではなく、共和党が真面目に取り合ってこなかった正統な憤りと理想を備えた人民の集団なのだと主張するトランプ支持者たちを思い起こしてほしい。こうした考えは、公衆は「世の中に(out there)」存在するのではなく、創り出されるのだというジョン・デューイ[アメリカの哲学者]の洞察に似ている(あるいは、階級は対自的階級——すなわち、ひとつの集合的な政治アクターであることを自覚した階級——となる必要があるというマルクス主義的な観念を思い出す人もいよう)。十分に機能する民主主義は、代表要求をどんどん増やし、かつまた最終的にはそれを経験的に検証できるように考案されたもののはずである[37]。もちろん、そうした競争が実際に生じる保証もなければ、包摂のための闘争が成功するという保証もない(さらに言えば、そもそも闘争が、憲法秩序それ自体に対する闘争ではなく、包摂をめぐるものになる保証もない。そしてもちろん、闘争はまた排除への要求も含むかもしれない)。

憲法は、言わば「包摂のための要求形成の連鎖」を理論上は促進することができる。最初の「われら人民(We the People)」は、通常の政治過程のなかで完全に消え去ることもなければ、経験的に存在する統一されたエージェント——ある種のマクロな主体——として、憲法秩序の外側にとどまるわけでもない。その代わり、「われら人民」が誰を指し示しているかはオープンな問題であり続け、多くの点で民主主義はそれについて(*about*)の問題である。クロード・ルフォールが述べたように、「民主主義は、摑みどころがなく制御不能な社会という経験を新たに開くものであり、そこではもちろん人民が主権者とされるけれども、そのアイデンティティはつねにオープンな問題であり続け、永遠に潜在的なものにとどまるであろう[38]」。

このことはまた、「人民」が、不安定かつリスキーで、ことによると完全に危険な表現であることも意味する。フランスやアメリカの革命家たちの一部は、はっきりとそう考えていた。アドリアン・デュケノワ〔フランス革命の指導者のひとり〕は、一七九一年の『愛国者の友(*L'Ami des patriotes*)』で、市民による「人民」の使用を厳格に規制することを推奨した[39]。さらにジョン・アダムズ〔アメリカ建国期の政治家、第二代大統領〕は、「人民」を制限なく使った場合のありうべき帰結について不安を隠そうともしなかった。「これほど対立と論争の豊かな源泉を開放しておくのは危険である。……その終わりは存在しないだろう。新しい要求が現れるだろう。女性が選挙権を要求するだろう。一二歳から二一歳までの若者は、自分たちの権利が十分に配慮されたものだと考えないだろうし、びた一文もたない男たちもみな、あらゆる国事に関して、他の者と平等な発言権を要求するだろう。それはあらゆる区別(Distinctions)を混同させ破壊し、あらゆる等級(Ranks)をひとつの共通の水準に引き下ろす傾向をもっているのである[40]」。

人民という概念は、「人民の力」による民主主義革命で一掃されたはずの、きわめて伝統的なエリートによっても都合よく展開されうるものである。一八七三年にビスマルクは帝国議会で次のように宣言している。「われわれはみな人民に属しており、わたしもまた人民の権利(Volksrechte)をもち、皇帝陛下も人民に属している。われわれはみな人民であり、伝統的にリベラルと呼ばれるが、必ずしもリベラルではない古い要求を主張するジェントルマンではない。人民の名を独占し、わたしを人民から排除することに対して、わたしは断固として異議を唱える[41]!」

民主主義は、人民をめぐる問題をつねに再燃させ、ときには全く新しい条件で提起することさえ可能にする。それは、民主主義の理想の名のもとに、所与の民主主義の現実を批判することがつねに可能なのと同じことである。かつてシェルドン・ウォーリン〔アメリカの政治学者〕が述べたように、「民主主義は、平等と包摂に対する自らの否認を非難できる唯一の政治的理想であったし、いまもそうである」[42]。その意味で、民主主義は恒常的な代表の危機に苦しむとも言えるかもしれない[43]。そして、包摂への要求が（政治的・社会的構造を本質的に変えずに、単により多くの集団を包摂していくのとは異なり）政治的・社会的構造全体の変化を必要とすることがあるのと同様に[44]、危機は、単に誰が代表されるのかをめぐるものだけでなく、いかにして市民が代表されるのかをめぐるものでもあると指摘しておくことは重要だろう。それゆえ、全体として民主主義は、「何度試みて失敗しても、気にすることはない。また試みて、また失敗せよ。以前よりうまく失敗すればよいのだ」というモットー〔五〇頁を参照〕をもつと言ってよいだろう。

実のところ、人民はいまや確実かつ最終的に同一化《アイデンティファイ》されうる――そして人民はいまや現に存在するものであり、もはや潜在的なものではない――と主張することによって、要求形成の連鎖を断ち切るのが、ポピュリストである。これはある種の最終的要求である。その意味で、事実上ポピュリストは、ある種の終結（とりわけ憲法上の終結（constitutional closure）を含む）を求めるのであり、包摂に賛成することで、さらなる包摂――あるいは要求形成の連鎖の継続――というアイデアに専心する人びととは全く異なるのである。おそらくティーパーティーは、この種の憲法上の終結を擁護している最も重要な事例である。

では、タハリール広場で聞こえた「「ひとつの社会」や「ひとつの要求」といった」叫びはどうだろうか――あるいは、ほぼ四半世紀前に遡る一九八九年秋の東ドイツの街頭における「われわれは人民だ」というシュプレヒコールはどうだろうか？　体制が人民を代表すると排他的に主張しつつ、実際には大部分の人民を政治的に締め出している場合、こうしたスローガンは全く正統なものである。さらに、第一印象では完全にポピュリスト的なスローガンに見えるものが、実際には反ポピュリスト的な主張であったと論じることも可能だろう。つまり、体制が、排他的に人民を代表し、十分に考えられた長期的な人民の利害を代表すると言い張っている（あるいは、国家社会主義政党の「指導的役割」といったありきたりな正当化が主張されている）――けれども、実際には人民（*das Volk*）が他の何かであり、他の何かであろうとしているような場合である。非民主主義諸国においては、「われら人民」は、正当化された革命的要求であり、全くもってポピュリスト的な要求ではない。そして、代表制民主主義の限度を超えつつあるが、いまだ手続き（および経験的現実）への尊重が何とか保たれているポピュリスト体制においては、体制をめぐる一見小さな異議申し立てでさえ、巨大な反響を与えうる。イスタンブールでゲジ公園の「エルドアンによる再開発計画に反対した」抗議者たちが取り締まられたのち、タクシム広場で「無言の抵抗として」ひとりで「立っている男《スタンディング・マン》」のことを思い出してほしい。デモは禁じられた。しかし、この男はデモをしていなかった。彼は、ひとりで――無言の証人として、アタテュルク「ムスタファ・ケマル」の共和主義的価値を想起させる者として――そこに立っていただけだが、しかしまた、残らず全ての正しいトルコ人を代表しているという政府の主張に反対した、まさにひとりの生ける非難、そして文字通り直立した非難であった。次第に多くの男女が彼に続いてスタンディングに加わったが、誰も何も言わず、何のメッセージも掲げなかった。対してエルドアンは、本章の最初に分析した統治テクニックのひとつに忠実であった。彼の政府は、エルデム・ギュンドゥズ——これが「スタンディング・マン」の名前であった——が外国のエージェントだと示そうとしたのである。ギュンドゥズは、ドイツの新聞のインタビューで次のように訴えている。「政府に近く、のちにエルドアンの助言者となったあるジャーナリストは、わたしが、ミロシェヴィッチ退陣をもたらしたセルビアの市民運動オトポールのエージェントかメンバーであると非難しました。また、［トルコ政府の］エゲメン・バギス欧州問題担当相は、わたしがパフォーマンスをやる前にドイツ大使館に三日間滞在していたとツイートしました。実際には、わたしはドイツ大使館に一度も行ったことはありません」[45]。

ある特定の主張が民主主義的かポピュリスト的かという問題は、つねに明白で分かりきったものではないだろう。たとえば、エジプトにおける、タハリール広場での初期の抗議から、緊張に満ちた憲法制定プロセスまでの時期において、どちらがどちらであるかを認識するのは必ずしも容易ではない（単に「人民」を引き合いに出したか否かをチェックすることで識別するのは不可能である）。しかし、二〇一二年から一三年の間に、ムスリム同胞団が、明らかにポピュリスト的で党派的な憲法を創ろうとしていた事実は残る。すなわち、純粋な人民についての自分たちのイメージを定義し、何が良きエジプト人を構成するかに関する、彼らの特殊な理解から導き出された制約を定める憲法を創ろうとしたのである[46]。こうして対決は避け難いものとなった[47]。

第三章

ポピュリズムへの対処法

この段階まできて不思議に思われるかもしれない。つねにポピュリストは明らかに原《プロト》権威主義的で、民主主義の諸制度に深刻なダメージを与えると思われるのに、なぜ彼らはこれまで支持されてきたのか、と。ポピュリスト指導者が多くの国で何百万もの支持者を得ているという事実は、これら数百万の人びとが権威主義的パーソナリティを備えていることの証左なのだろうか(第一章で論じた心理学的診断のひとつに立ち戻るべきだろうか)。われわれと共にある市民の多くから見て、もしわれわれが「真のアメリカ人」という概念に当てはまらないとすれば、彼らは潜在的にわれわれを排除しようとするのだろうか。本章では、ポピュリズムを(いずれにせよ対処する必要がある経験的な問題とは異なった)理念のレベルの挑戦として単純に退けようとする自由民主主義者たちをいくらか困らせてみたい。わたしは、かつてイタリアの民主主義理論家ノルベルト・ボッビオが、破られた民主主義の約束(the broken promises of democracy)と呼んだものに、ポピュリズムのアピールが支えられている点に注意を促すだろう。また、自由民主主義が現実に答えられない問題——つまり、そもそも何が「人民」の境界を定めるべきなのかという問題——を、いかにしてポピュリズムが解決したように見せかけているのかを示したい。そして最後に、合衆国とヨーロッパにおける固有の歴史的状況が、こんにちのポピュリズムの隆盛を促したことを説明したい。そのうえで、いかにしてポピュリストのように対話を終わらせずに——ポピュリストについて(*about*)だけでなく——、ポピュリストと(*with*)最もよく対話できるのかについて、いくつか示唆を述べて結びとしたい。

ポピュリズムと破られた民主主義の約束

何がポピュリズムの魅力を説明するだろうか？　もちろん、恩顧主義《クライエンテリズム》や差別的法治主義の受益者はポピュリズムを望ましいと思うだろう。しかし、わたしはまた、ポピュリズムの成功が、いわゆる民主主義の約束に結びついていると提示したい。その約束は、これまで果たされず、そしてある意味でわれわれの社会では決して果たされることのないものである。いままで誰も公式にはこうした約束をしてはいない。これらの約束はむしろ、しばしば「民主主義の民衆理論（folk theory of democracy）」(1)と呼ばれるもの——あるいは、現代世界における民主主義の魅力だけでなく、その周期的な失敗を説明する直感——に近い。

きわめて重要な約束は、端的に言えば、人民は統治できるというものだ。少なくとも理論上、ポピュリストは、全体としての人民が共通かつ一貫した意志をもつだけでなく、人民が命令委任の形式で要求したものを正しい代表が実行できるという意味において、人民はまた統治もできると主張する。民主主義に関して多くが最初に抱く直観は、次のようなイメージで表現できるだろう。すなわち、民主主義とは自治（self-government）であり、理想的に統治できるものは、単なるマジョリティではなく、全体（the whole）である、と。古代アテネの民主政においてでさえ、このストーリーは全体のストーリーではなかったが、おそらくアテネは、集合的能力のセンスを陶冶し、実際に集合的活動(collective action)に従事するという意味での民主主義に限りなく近い(しかし重要なことに、市民は統治と被統治を交互に繰り返すという理解に基づいていた——公職の適切な交替《ローテーション》なくして民主主義はないと)(2)。われわれは、ある人の運命を集合的に支配するといった考えの魅力に対して、いくぶん鈍感である必要があるし、実践でその魅力が欠如していることについて憂鬱に感じる必要はないだろう。

一方、ポピュリストは、あたかもそうした約束を果たすことができるかのように語る。彼らは、人民が唯一の判断と唯一の意志をもち、それゆえ唯一の明快な委任を与えることができるかのように語り、行動する。彼らはまた、人民がひとつで、反対派は仮にその存在が認められたとしても、すぐに消え去るかのように語り、行動する。さらに彼らは、人民が、正しい代表に授権さえすれば、自分たちの運命を完全に支配できるかのように語る。もちろん、彼らは人民自体の集合的な能力については語らず、人民自身が実際に国家の職務を占めることができるとも言い張らない。すでに強調したように、ポピュリズムは代表制民主主義の文脈でのみ考えられうるのである。

ここまでくれば、民主主義とポピュリズムの主要な差異が明らかになっただろう。民主主義は、マジョリティが代表に権限を与えることを可能にする。その際、代表の行動は、市民のマジョリティが望んでいたものと一致したり、一致しなかったりする。他方でポピュリズムの場合、ポピュリスト政府の行動は、「人民」がそう望んだからという理由で、異議を唱えることはできないと主張される。民主主義においては、マジョリティの判断は誤りうるし、議論の対象になりうると想定され、マジョリティの交替が前提とされている。他方でポピュリズムにおいては、あらゆる制度の外にある同質的な実体の存在が前提とされ、そのアイデンティティと理念は完全に代表されうると想定されている。民主主義は、どちらかと言えば、諸個人から成る人民(a people of individuals)を想定し、最終的には数のみが(選挙で)重要とされる。他方でポピュリズムは、程度の差はあれ、神秘的な「実質(substance)」を前提とし、多数の諸個人も(マジョリティでさえ)その実質を適切に表現できないことを当然視する。民主主義は、決定が民主的な手続きを経て形成されたからといって、それが「道徳的(moral)」というわけではないこと(逆に言えば、あらゆる反対派が非道徳的と見なされねばならないわけではないこと)を前提としている。他方でポピュリズムは、道徳性(および政策)に関して深い亀裂が存在する状況であっても、ひとつの正しい道徳的な決定があることを前提とする。最後に――そしてこれが最も重要な点だが――、民主主義においては、「人民」は非制度的な方法では決して現れることはないと考えられ、さらに、議会における多数派は(ウラジーミル・プーチンのお気に入りの言葉である「圧倒的な多数派」でさえ)「人民」ではなく、人民の名において語ることはできないということが受け入れられている。他方でポピュリズムは、ちょうど逆のことを想定しているのだ。

それゆえ、代表制民主主義は、「人民」へのアピールなしでも何とかなるように思える。しかし、それは本当だろうか? そうしたイメージから失われるものはないだろうか? あらゆる正統な民主主義への関心――参加の拡大やより良い熟慮への関心、あるいは西洋の現在の金融資本主義のなかでマジョリティが不当に扱われないようにするといった関心――は、「人民」の必要性を完全に排除するやり方で言い換えることができるだろうか？

わたしは、そうした関心は実際に言い換えることができると考えている――けれども、それらは牽引力を得られないだろう。その理由は、「人民」が消えたからではなく、別のもの、すなわち政党民主主義(party democracy)がわれわれの眼前から消えつつあるからだ。[3]かつて政党は、多元主義的な社会と(全員が満足するわけではない権威的な決定を遅かれ早かれ下さねばならない)政治システムとの間を仲介する役割を果たしていた。そこでは「敗者」でさえ、彼らが将来いつか勝利できる合理的なチャンスが存在することを確信しながらも、決定に合意する必要があった。単純に言えば、民主主義は、みなが、自らが敗れうることを知り、かつまた、つねに敗れ続けるわけでもないことを知っているシステムである。諸政党は、一方では政府、他方では正統な野党を形成した。まさに(「全体」とは対照的に)正統な「部分(parts)」としての政党の存在には、反ポピュリスト的な意味があった。このことは、「人民の政党(people's parties / *Volksparteien*)」[国民政党]を自称する、巨大な「包括(catch-all)」政党にさえ当てはまる。ポピュリスト的な名前にもかかわらず、彼らは、全体としての人民を排他的に代表するとは決して主張しなかった。彼らは、二つか、それ以上の競合する人民概念を提示し、それらの間の差異を強調したけれども、自らとは異なる側[の人民概念]も正統なものと認めていた(こうしたアプローチは、内戦を経験し、ついには共存の必要性が認識された諸国において、とりわけ魅力的なものだった。社会主義の「赤」と、カトリック保守の「黒」が、同じ政治空間で共存するための適切な条件を見出す必要があったオーストリアを想起せよ)。端的に言えば、諸政党は多様性(diversity)を代表し、政党システムは統一性(unity)を象徴していたのである。

現在、多くの指標が示すのは、もはや政党も政党システムもそれぞれの機能を果たしていないことである。研究者たちは、政党システムが弱いところではポピュリズムが強いことを示してきた。かつて政党システムがしっかりと確立され、その後に崩壊したところで、ポピュリストにとっての好機は明らかに増した。一九九〇年代前半における戦後イタリアの政党システムの自壊が、ついにはシルヴィオ・ベルルスコーニを生み出したことを思い起こしさえすればよい。近代の条件下での民主主義は政党民主主義でしかありえないと言ったケルゼンが正しかったとすれば、政党および政党システムの緩慢な溶解は、決して些細な話ではない。政治共同体に統一性や集合的エージェンシーの感覚を付与するものとしての民主主義の理想のうち何が生き延びるにせよ、このことは、民主主義それ自体の生存能力に影響を与えるのである。

ポピュリズムに対する自由民主主義的な批判——三つの問題

ここまでわたしは、ポピュリストがある国家に住む人民の経験的総計から「真の人民」を抽出し、それによってポピュリストの路線に異議を唱える市民を排除することは誤っていると、当然のように想定してきた。この点については、ジョージ・ウォレスによる「真のアメリカ人」への頻繁な言及や、バラク・オバマは「非アメリカ的」ないし「反アメリカ的」な大統領だという右翼の主張を思い返すだけでよいだろう。しかし、これらの排除を理由にポピュリストを咎めることは、次の重大な問題を惹起する。ある特定の地域に生まれたという歴史的偶然、もしくは特定の親の子供であるという歴史的偶然以外に、何が、あるいは誰が、人民のメンバーシップを決めるのだろうか？　単純に言えば、ポピュリストが排除的だという非難は規範的だけれども、自由民主主義者も――単一かつ平等な市民権的地位を付与する、単一の世界国家を唱道しない限り――、ある特定の国家に属さない者に対する排除を、実質的には黙認しているのだ。政治理論の分野において、この難問は「境界問題（boundary problem）」として知られている。周知のように、この問題に対して、民主主義による明快な解決法は存在しない。人民が決定すべきだと語ることは、誰が人民かをわれわれがすでに知っていることを前提にしている――しかし、それこそがまさに答えを要する問題なのである。

ここで奇妙な反転を見てみよう。ポピュリストはつねに、正しい「人民の」一員とそうでない者とを道徳的に区別する（たとえその道徳的な基準が究極的にはアイデンティティ・ポリティクスの一形態に過ぎないものだとしても）[4]。他方で自由民主主義者たちは、冷酷な事実に、換言すれば、歴史的偶然に訴えることしかできないように思える。彼らは、事実上の（*de facto*）特定の人民が「真のアメリカ人」だと述べるが、それは結局のところアメリカの市民権を保持しているという理由に過ぎない。しかし、そのことは単なる事実に過ぎず、それ自体にたいした規範的主張が含まれているわけではない。

では、われわれはどうすればよいのだろうか？　わたしは二つの答えを提示しよう。第一に、ポピュリストによる人民の一部の排除を非難するからといって、誰が政体のメンバーで誰がそうでないかについて、われわれが最終的に(*definitively*)決めることは必要とされない。誰も、少なくとも象徴的にポピュリストが示唆するような、大量に市民権を剝奪する権限など有していない。五一パーセントの投票者が残りの四九パーセントの投票を無視することが正当化されると言っているわけではない。多くの市民が、ポピュリストの暗示に直面したとき、「わたしは、自由かつ平等な同胞市民としての彼らの地位を実際に否定することなく、あらゆる種類のやり方で、特定の人民を批判することができるのだ」と応じればよいと指摘したいだけである。第二に、より重要なことだが、境界問題は、政治理論が高みから一気に解決できる類いの問題ではない。その問題に取り組むことはひとつのプロセスであり、そこでは既存のメンバーも、メンバーになろうとしている者も、共に発言する権利を有している。それは、いちど決定を下した限りは変更不可能といったものではなく、民主主義的な議論《ディベート》の問題であるべきである。[5] もちろん、このプロセスが、包摂の拡大という意味での進歩を必然的に意味すると考えるのは誤りだろう。おそらく、真の民主主義的な議論を経ると、人民の定義は、当初よりもより制限的なものとなるだろう。

けれども、ポピュリズムに対する自由民主主義からの批判の問題が、これで終わるわけではない。ここまでわれわれは、反多元主義的であることが、それ自体として非民主主義的であると想定してきた。しかし、本当にそうか？　多元主義は――ちょうどその特有の変種である多文化主義と同様に――、しばしばひとつの事実であると同時に、ひとつの価値として提示されてきた。まさに境界問題と同様に、われわれは、なぜ単純な事実が自動的に何らかの道徳的重みを有するのかという問題に直面し続ける。さらに、多元主義や多様性は、たとえば自由(freedom)のような一次的な価値(first-order values)ではないという問題がある。より多くの多元主義がつねに自動的に善であると説得的に述べることは誰もできないだろう。しばしば多元主義とリベラリズムはリベラルの思想のなかで結びつけられてきたけれども、多くの哲学者はまた、よく調べてみると、多元主義の存在(とりわけ諸価値やライフスタイルの多元主義)から、自由(liberty)の確固たる肯定に到達するのは、実際にはきわめて難しいと正しくも主張してきた[6]。したがってわれわれは、反多元主義の何が問題なのか、より精確にしておく必要がある。われわれが指摘したいのは次のことである。つまり、ポピュリズムの真の問題は、その多様性の否定が、特定の市民の自由かつ平等な地位の否定に実質的に等しいということだ。これらの市民は公式には排除されないかもしれないが、彼ら個々人の諸価値の公的な正統性や、善き生にふさわしいものについての考え、そして物質的な利害でさえ、実質的には異論に晒され、さらには価値がないと宣告されてしまうかもしれない。ジョン・ロールズが論じたように、多元主義を受け入れることは、われわれが多様な社会に生きているという経験的な事実の承認ではない。むしろそれは、自由かつ平等であると尊重しつつも、アイデンティティや利害の点で異ならざるをえない他者と、同じ政治空間を共有するための公正な条件を見出そうとするコミットメントなのである。この意味で、多元主義を否定することは、「わたしは、政体に関するわたしの考えや、誰が真のアメリカ人かについてのわたし個人の見解が、他のあらゆるものに勝るような政治世界でしか生きられない」と言っているのに等しい[7]。これは、政治についての民主主義的な見方では断じてない。

最後に、いかにして民主主義者はポピュリスト的な指導者や政党に対応すべきかに関する懸念が存在する。多くの国で、非ポピュリスト政党の反応は――しばしば公共的なメディアも同様に――、ポピュリストの周囲に防疫線（*cordon sanitaire*）を張ることだった。つまり、彼らと協力せず、むろん政治連合も組まず、テレビでも議論せず、彼らの政策要求にいかなる譲歩もしないという対応である。いくつかの事例において、そうした排除戦略に伴う問題は当初から明らかだった。たとえば、ニコラ・サルコジ［仏大統領、在任二〇〇七～一二年］は、国民戦線（FN）がフランス共和政の基本的な諸価値を全く共有していないと主張し続けたが、しかし同時に、FNの移民政策をコピーし、彼自身の党を「軽いFN（FN lite）」のようなものにしてしまった。露骨な偽善的行為は、反FN戦略を蝕む結果につながった。さらに、ポピュリスト以外の全政治アクターがポピュリストを排除するために結託することは、既存の諸政党が「カルテル」を形成しているというポピュリストの主張の信頼性を直ちに高めてしまうだろう。ポピュリストは、競合者たちが、表向きのイデオロギー的差異にもかかわらず、究極的にはみな全て同じなのだと喜んで指摘するだろう――それゆえ、ポピュリストだけが真のオルタナティブを提供しているという感覚を強めるため、既存の諸政党の名前を融合させる傾向まである（たとえばフランスでは、マリーヌ・ル・ペンが、サルコジの右翼政党の頭文字［UMP］と社会党の頭文字［PS］を融合させた〝UMPS〟という言葉を使っている）。

これらの実践的な課題――いかにしてポピュリストの情熱を実際に抑制できるのかについて政治的効果を計算すること――とはまた別に、原理的な懸念も残る。わたしは、ポピュリストの問題は彼らが排除することだと主張した。では、それに対してわれわれは何をしようとしているのだろうか。彼らを排除することなのか！　また、わたしは、ポピュリストが反多元主義にコミットしていると繰り返し指摘した。では、われわれは彼らの排除によって何をしようというのか。多元主義全体を縮減することか。これでは、どこか間違っているように思える。リベラルに対するウォレスの反撃に、何が力を与えたかを思い起こそう。彼は、「世界で最も偏狭な者(bigot)は……他者を偏狭と呼ぶ者である」(8)と、いくぶん説得力をもって主張することができたのである。

わたしが提示するのは、ポピュリストが法の枠内にとどまる限り——そして、たとえば暴力を煽動しない限り——、他の政治アクター(およびメディアの人びと)は、彼らと対話する(engage)多少の義務があるということである。彼らが議席を得たとき、彼らは有権者を代表している。要するに、ポピュリストを無視することは、「既存のエリート」が［ポピュリストに投票した］有権者を見捨てたか、あるいはそもそも気にかけてすらいないといった、有権者たちの感覚を強めることにつながる。しかし、ポピュリストと対話することは、ポピュリストのように話すことと同じではない。彼らの政治的主張を、額面通りに受け取ることなく、真剣に受け止めることは可能である。とくに、ポピュリストが特定の問題を組み立てるやり方を受け入れる必要はない。昔の事例に立ち返ろう。一九八〇年代のフランスには本当に数百万人の失業者がいたのか［一九頁を参照］。これは本当にいた。では、国民戦線が有権者に信じ込ませようとしたように、あらゆる個別の仕事が「移民」に取られていたのか。もちろん、これは違う。

ここでのポイントは、適切な論拠や証拠を出したからといって、議会や公共の議論、そして究極的には選挙でポピュリストを敗北させせられるわけではないということだ。ポピュリストが「真の人民」という特定の象徴的表現に究極的に訴えるならば、個別の政策領域に関する一連の正しい統計を有権者に示したとしても、そうした「「真の人民」という」イメージのアピールは自動的には消滅しないだろう。だがそれは、適切な論拠や証拠が重要でないことを意味しない。たとえば、一九六八年の米大統領選キャンペーンにおいて、労働組合が、アラバマの「労働者」の実際の境遇や、州知事ウォレスがそれをほとんど改善しなかったことについて組合員に情報を与え始めると、ウォレス支持の重要な部分が削がれたのである。(9)

さらに重要なことに、象徴のレベルでもポピュリストと対話することは可能である。これは、ある政体の基底的なコミットメントが実際に何を意味するのかについて論じるというかたちをとるだろう。しかし、それは結局、以前は排除されていた一部の人びとを象徴的に承認する結果になるかもしれない。ここまでで明らかになったように、エボ・モラレスやエルドアンのような者たちは、どこからともなく現れた悪魔のような権威主義者ではない。モラレスは、政治過程の大部分から締め出されてきたボリビアの先住民を代弁したことで正当化された。そして、エルドアンは、ケマル主義者によって賛美されてきた西洋化されたトルコ共和国という一方的なイメージに反対し、「黒いトルコ人(black Turks)」――つまり、貧しく敬虔なアナトリアの大衆――としてしばしば退けられてきた人びとの存在を擁護したが、そのとき、彼は何か民主主義的なことを行っていたのである。ただ、包摂を追求するとしても、ポピュリストが主張する全体に代わりうる一部分(*pars pro toto*)といった形式をとる必要はなかった。おそらく、既存のエリートが実践的かつ象徴的な包摂に向けて措置を講じる気があったならば、民主主義へのダメージはいくらか避けられただろう。

代表の危機？ アメリカの情況

ここまでの分析結果のひとつは――おそらく直感に反するのだが――、アメリカ史において明示的に「ポピュリスト」を自称したひとつの政党［人民党］が、実際にはポピュリストではなかったということである。よく知られているように、ポピュリズム(Populism)は、一八九〇年代の農民を主体とした運動であった。それは、アメリカの政治システムにおける民主党と共和党の統制力を一時的に脅かした。もちろんこれは、アメリカ史上、歴史家がポピュリズム(populism)と見なす最初の事例ではない。一方、建国の父たち(Founding Fathers)自身は、無制約な人民主権に対して明らかに慎重だった。まさに彼らは、［人民という］想像上の集合的全体が、新しい政治制度と対立する状況を避けようとしたのである。これが、『フェデラリスト』第六三篇のなかの有名な次の文章の意味である。「代表の原理が、古典古代の人びとに知られていなかったわけでも、彼らの政体において完全に見過ごされていたわけでもなかったことは明白である。古典古代の政体とアメリカ諸邦の政体との真の違いは、アメリカにおいては人民が、全員参加のかたちで一体となって政府に参与することから全面的に排除されていることにあるのであって、古典古代の政体の統治から人民の代表が全面的に排除されていることにあるのではない」(強調は原文)〔斎藤眞・中野勝郎訳『ザ・フェデラリスト』岩波文庫、一九九九年、二九六頁の訳文を参考にした〕。それでも、憲法起草者たちは「人民の才能(the genius of the people)」を援用し[10]、合衆国憲法は、陪審から民兵《ミリシア》まで、多くの「人民的」要素を含むことになったのである[11]。当初からトマス・ジェファソンは共和主義的かつ生産者主義的な言葉で語り、それは勤勉なマジョリティの権利を擁護する多くの政治的修辞家によって再生された。プロテスタンティズムのほぼ全ての潮流は、人民自身が、聖職者に頼らずに、宗教上の真理を見出すことができるという考えを永続させた。「庶民の時代(Age of Common Man)」の中心にいたアンドリュー・ジャクソン〔第七代大統領、在任一八二九～三七年〕は、反「金権」キャンペーンを展開し、民主主義を深めるための力として、あるいは全く新しい政治スタイルを創り出した「ポピュリスト」として――彼は「群衆の王(King Mob)」と呼ばれた――立ち現れた。その政治スタイルでは、公人たちは、自らが「平民(plain people)」の側であることを示すために、「丸太小屋(log cabin)」や「発酵リンゴ酒(hard cider)」に言及したのである。また、一八五〇年代には、移民排斥的な(とりわけ反カトリック的な)ノウ・ナッシング(Know Nothing)と呼ばれる運動が存在した。それは最初「ネイティブ・アメリカン党(Native American Party)」と呼ばれ、その後シンプルに「アメリカン党(American Party)」となった(まさに名前からして排他的代表を主張している)。メンバーシップはプロテスタントの男性のみに開かれ、組織化は秘密裏に進められた(それゆえ、その支持者は〔活動について〕尋ねられた場合、「わたしは祖国以外何も知りません(I know nothing but my country)」と答えたという)。そして、一八九二年には人民党が形成される。その支持者は、最初は単に「ポップス(Pops)」と呼ばれ、次第に「ポピュリスト」となっていった。多くの政治的レッテルと同様、ポピュリストも当初は軽蔑的な意味だったが(ネガティブな名称のもう一つの候補は"Populites"だった)、その後、中傷的に呼ばれた者たちが反発して自らポピュリストと名乗るようになり、有名になった(新保守主義者(*neoconservative*)という言葉も、一九七〇年代に似たような経路をたどった)[12]。

ポピュリストと自ら公言する者たちは、もはや穀物を育てる(raise corn)ことに満足せず、政治的に怒号をあげる(raise hell)ことを決断した農民の運動から生まれた。負債や依存——そして、とくに一八九〇年代初頭の経済停滞——の経験に刺激された彼らは、民主党と共和党の双方と様々な点で対立する、広範な諸要求のために組織化へと向かった。とりわけ彼らは農民として、低利融資や、東部への産物の輸送を必要とした。それゆえ彼らは、どんどん自分たちが銀行や鉄道所有者のなすがままになっていると感じていた。通例「利害関係者(the interests)」と呼ばれた者たちとの対立は、やがて二つの要求を生み出し、それが人民党の政治綱領を主に規定することになった。ひとつはサブトレジャリー[貯蔵可能な作物や不動産を担保として、農民のための低利の貸し付けを行う機関]の創出や(「金本位制支持者(Goldbugs)」の主張に対抗した)銀貨の自由鋳造であり、もうひとつは鉄道の国有化である[13]。

人民党(the Populist)は、利己的なエリートと「人民」とを明確に対置する政治的言語を使って、自らの要求を定式化した。よく知られているように、メアリー・エリザベス・リースは次のように述べた。「ウォール街がこの国を所有しています。もはや人民の、人民による、人民のための政府ではなく、ウォール街の、ウォール街による、ウォール街のための政府なのです。この国の偉大なる平民(common people)は奴隷で、独占が主人なのです[14]」。人民党の言説は、おおっぴらな道徳的主張に満ちている。たとえば、「金権家(plutocrats)、貴族階級(aristocrats)、そして他のあらゆる下種野郎ども(rats)」といった語り。また、一部のスローガン(および詩)は、オキュパイ・ウォール・ストリート運動の中心的なフレーズを思い出させるものである(たとえば、「九九人は剝き出しのあばら家、一人だけが富裕な大邸宅」といったもの[15])。

すでに述べたように、一九五〇年代と六〇年代の歴史家や政治・社会理論家は、しばしば人民党を、怒りや憤懣によって衝き動かされ、陰謀論を抱く傾向をもち、とりわけ人種論に染まっていると描いた。よく知られているように、リチャード・ホフスタッターは「アメリカ政治におけるパラノイア的スタイル」と語った[16]。証拠を見つけるのは難しいことではない。ジョージア州の人民党指導者トム・ワトソンは、かつてこう問うた。「〔ジェファソンは〕想像しただろうか? 百年足らずで彼の党が下劣な独占の目的に身を売ってしまうことを。目を充血させたユダヤ人の百万長者たちが党のリーダーとなっていることを。そして、この国の自由と繁栄が……ジェファソニアン・デモクラシーの名のもとで、金権政治の強欲の犠牲となり、絶えず堕落していることを[17]」。けれども、振り返ってみれば、冷戦期のリベラルな歴史家や政治理論家が、一八九〇年代の実際の人民党というよりも、マッカーシズムや急進的な保守運動(ジョン・バーチ協会のような露骨な人種主義的団体を含む)の興隆について語っていたのは明白に思える。
人民党は――思うに、全体としての人民を代表すると言い張らずに――平民を擁護した事例だった。もちろん、曖昧さや（おそらく意識的な）ズレは存在する。それは、人民党の綱領である有名なオマハ綱領（Omaha Platform）［一八九二年七月、ネブラスカ州のオマハで開かれた第一回人民党全国大会で採択された］にさえ見られる。

われわれは、嘆かわしい不正が悩める民を襲っているのに、二大政党が権力の追求と略奪のために闘争するのを四半世紀以上見てきた。これら二大政党を支配する勢力が眼前の恐るべき状態を抑止するために真剣な努力をすることなく、これを進展するに任せたことを、われわれは非難する。二大政党は、いまなお根本的改革を約束せず、一の改革のほか、全ての改革をこの選挙戦において無視することで一致した。すなわち彼らは、資本家、大企業、連邦銀行、買占同盟、トラスト、水増し株、銀の正貨よりの除外、高利貸の横暴などの問題を見失わせるべく、関税問題に関して見せかけの闘争の叫び声をあげて、略奪された人民の悲鳴をかき消そうと目論んでいる。彼らはわれわれの家庭と生活と子孫とを、マモン［強欲の神］の祭壇に犠牲にしようとし、百万長者から腐敗資金を得るために、民衆（multitude）を破滅させようと企てている。
国家生誕の記念日に集会し、われわれの独立を確保した偉大な首長の精神に満たされ、われわれは、この共和国の政府を、その起源をなした階層、すなわち「平民（the plain people）」の手に回復することを求める。われわれは、われわれの目的が合衆国憲法の目的と一致することを主張する。すなわち、「より完全なる連邦を形成し、正義を確立し、国内の平穏を保障し、共同の防衛に備え、一般の福祉を増進し、われらとわれらの子孫のために自由の祝福の続かんことを確保する」という目的である。〔アメリカ学会編『原典アメリカ史』第四巻、岩波書店、三一三―三一四頁の訳文(岩永健吉郎訳)を参考にした〕

人民党は、連邦上院議員の直接選挙や秘密投票のような民主主義的改革を主張した――そして、累進課税を求め、こんにち規制国家と呼ばれるものの創出を求めた。しかし彼らは、「平民」に訴えることによって、そうしたのである。「協同的なコモンウェルス(cooperative commonwealth)」という彼らの理想の実現は、おそらく他の世界では「社会民主主義」と呼ばれるものに帰着しただろう[18]。オマハ綱領が存分に明らかにしたように、彼らは合衆国憲法を尊重していた。とはいえ、アメリカの文脈では――ヨーロッパとは異なり――反立憲主義は、本章で論じた意味における、ポピュリストを認定するための有益な基準として、ほとんど役に立たない。結局のところ、合衆国憲法は、ほぼみんなに崇敬されていたし、いまもそうである。

人民党は、人民それ自体だと主張することは稀であった――彼らは、おそらく当時の他の主要政党以上には、男性と女性、白人と黒人を団結させたけれども。彼らが、もっと大きな成功を収める可能性はあった。もし、とりわけ南部の民主党に激しく攻撃されていなかったら(不正投票や贈賄行為は普通であり、暴力もあった）。もし彼らの要求が民主党と共和党の双方に吸収されていなかったら。もし彼らが戦略的・技術的過ちを犯していなかったら（この点をめぐっては、過度に規範的な議論のなかで、いまも歴史家たちが争い続けている）。そして、もし「偉大なる平民（the Great Commoner）」ウィリアム・ジェニングス・ブライアンという「民主－人民（Demo-Pop）」公認候補が、一八九六年［の大統領選］で成功していたら［民主党の大統領候補ブライアンは、金本位制を攻撃し、農民の重視を説いたが、共和党のマッキンレーに敗れた。ブライアンと主張が重なるかたちとなった人民党は、大統領候補としてブライアンを推しつつ、組織の独自性を保つために副大統領候補は民主党と別の人物を立てた］——これら全てが違っていれば、合衆国の政治史は、かなり異なった展開を見せただろう[19]。しかし、人民党の運動は、全く結果を残さなかったわけではない。一八九〇年代半ば以降、一部の人民党員は社会党へ向かったし、少なくとも人民党の主たる要求の一部は、［二〇世紀初頭の］革新主義の絶頂期に実現された。そして、C・ヴァン・ウッドワード［歴史家］が、一九五〇年代の冷戦リベラルによるポピュリズムの誤解を非難する際に述べたように、一九三〇年代のニューディールでさえ、「ネオ・ポピュリズム（neo-Populism）」の一形態と呼べるだろう[20]。

二〇世紀のアメリカ史において、わたしが言う意味でのポピュリズムの例が見られないわけではない。マッカーシズムは明らかに候補のひとつだし、ジョージ・ウォレスや彼の支持者もそうである。ジミー・カーター［第三九代大統領、在任一九七七～八一年］は自らに「ポピュリスト」のレッテルを貼ったが、そうすることで彼は、明確に一九世紀末の人民党（および福音派プロテスタンティズムと農村的で共和主義的な——一言で言えばジェファソン的な——民主主義理解との「ポピュリスト」的結びつき)を想起させようとした。少なくともひとつの意味で、ウォレスは自らの道を拓いた。つまり、合衆国を道徳的に刷新するための源泉として、南部の知事に期待することが想像可能となったのである(その二〇年後、ビル・クリントンが、おそらくこの連想の遺産の恩恵を受けた)。

ティーパーティーの興隆と、二〇一五〜一六年におけるドナルド・トランプの驚くべき成功によって、本書が理解するところのポピュリズムが、アメリカ政治において真に一級の重要性をもつようになった。その際、確かに「怒り」がひとつの役割を果たしたが、すでに述べたように、「怒り」はそれ自体ではほとんど何も説明しない。怒りの理由は、一定の割合のアメリカ市民にとって、この国が文化的にきわめて不快な方向に変わってしまったという感覚に関連している[21]。大まかに言えば、社会的=性的にリベラルな諸価値(たとえば同性婚など)の影響力の増大に加え、合衆国が「マジョリティがマイノリティの国(majority-minority country)」となり、「真の人民」——つまり白人のプロテスタント——の伝統的イメージがどんどん社会的現実から遠ざかってしまうことへの懸念がある。これら文化的争点に加えて、きわめて現実的な物質的不満も存在するし、何よりも、相当数のアメリカ人の経済的利害がワシントンで代表されていないという感覚——実際に厳然たる社会科学的データによって裏づけられる印象[22]——がある。

ハンスペーター・クリージが論じるように、ここ数十年で西洋諸国には、より多くの開放性(openness)を支持する市民と、ある種の閉鎖性(closure)を好む人びとの間に、新しい対立ライン——政治学者が「亀裂(cleavage)」と呼ぶもの――が出現した。[23] この対立は主として経済的条件から生じるが、たいてい文化的争点に転じうる。アイデンティティ・ポリティクスが支配的なとき、ポピュリストは成功するだろう。［彼らにとって］問題は、競争や英雄的な起業家活動が全員を利するといった資本主義の自己正当化にますます適合しなくなった経済ではない(マルクス主義的な出版物ではない『エコノミスト』誌でさえ、合衆国の独占権力を批判し始めている)。そうではなく、争点は、仕事を横取りする(そして他にも色々なことをするとされた)メキシコ人だとされる。ここで、あらゆるアイデンティティ争点が、そのまま物質的利害の問題に翻訳されうると言い張るべきではない。個々人の価値コミットメントについて真剣に考える必要がある。しかしながら、文化的変動と経済的変動の間のひとつの重要な差異を思い出す必要がある。つまり、前者の多くは、結局は多くの個人に直接的には影響を与えないのである。人民は国が進む道を好まないかもしれないが、しかし、結婚に関してきわめて伝統的な信念をもつウェディング写真家以外の誰が、同性婚の合法化が自らの日常生活に本当に関係すると感じているというのか？　合衆国は一度ならず、少数ながら情熱に衝き動かされた有権者の一派の異論を抑えて、ひとつの国民(nation)として、より包摂的で寛容で寛大な自己像を発展させてきた。だが、高校の卒業証書しかもたず、たとえあったとしても、現在のアメリカ経済では必要とされないスキルしかもたない男性に関しては、同様に希望に満ちたストーリーは語られない。

こんにちの合衆国は、この点で深い構造的な改革を必要としている。そして、バーニー・サンダースのような人が、そうした必要性に注意を喚起したのは全く正しい。そろそろ明らかだろうが、本書で展開した基準が十分に説得的だとしたら、サンダースは、左翼ポピュリストではないことになる。その理由は、合衆国外の左翼の人がしばしば言うように、左翼ポピュリズムといったものは定義上ありえないからではない。ポピュリズムは政策内容に関するものではない。ある面でサンダースが、「富の再分配(Share Our Wealth)」という原理を掲げたヒューイ・ロング〔民主党所属、一九二八〜三二年ルイジアナ州知事、三二〜三五年上院議員〕と同じように見えたとしても、〔ポピュリズムか否かとは〕無関係である。〔そうではなく〕ポピュリズムはある種の道徳的な主張に関するものであり、そうした主張を特定するために必要とされる内容は、たとえば社会主義の教義に由来するかもしれないのである(チャベスが明白な実例である)。

ポピュリズムとテクノクラシーの狭間のヨーロッパ

本書で提示した分析のひとつの含意は、国民社会主義〔ナチズム〕とイタリアのファシズムはポピュリスト運動として理解する必要があるということである——急いで付け加えると、それらは単なるポピュリスト運動ではなく、人種主義、暴力の賛美、急進的な「指導者原理」といった、ポピュリズム自体の必然的な要素ではない特色も示している。ところで、西欧において、一九三〇年代および四〇年代の全体主義的政治の絶頂がもたらした特異な余波のひとつは、戦後の政治思想と政治制度のいずれにも、反全体主義が深く刻まれたことである。法律家や哲学者と同様に、政治指導者も、何よりも全体主義的な過去への回帰を防ぐための秩序を構築しようとした。彼らが依拠した過去のイメージとは、無制限の政治的ダイナミズム、解き放たれた「大衆」、全く制約なき政治的主体――純粋なドイツ人から成る民族共同体（*Volksgemeinschaft*）や、「ソ連人民」（スターリンのイメージのなかで創り出された、一九三六年の「スターリン憲法」で現実のものとして追認された）のような――を創り出す試みを特徴とする、混沌とした時代というものだった。

結果として、戦後ヨーロッパの政治発展の全体的な方向性は、（抑制と均衡《チェック・アンド・バランス》、あるいは混合政体という意味における）権力の分散と、憲法裁判所のような非選出制度、あるいは選挙のアカウンタビリティを免れた制度への権限付与であり、それら全てが民主主義自体の強化という名のもとで進められた(24)。こうした展開は、ヨーロッパのエリートたちが――良かれ悪しかれ――二〇世紀中葉の政治的崩壊から引き出した特殊な教訓に基づいていた。つまり、戦後西欧秩序の設計者たちは、人民主権という理想に、不信に満ちた眼差しを向けていたのだ。そもそも、ファシストに権力を握らせたり、ファシストの占領者に幅広く協力した人民を、どうして信じられようか。また、人民への不信ほどではないにせよ、エリートたちは、議会主権という考え、より正確には、全体としての人民のために語り行動することを主張する政治アクターに議会が権限を付与する（それによりケルゼンが批判したメタ政治的な幻想［三六～三七頁参照］に賛同する）という考えにも、深い疑念を抱いた。結局のところ、正統な代表制議会が、一九三三年にはヒトラーに、一九四〇年にはヴィシー・フランスの指導者となるペタン元帥に、あらゆる権力を手渡したのではなかったか。それゆえ、戦後ヨーロッパの議会は意図的に弱められ、抑制と均衡《チェック・アンド・バランス》が強化され、選挙でアカウンタビリティを問われない諸制度（繰り返すが、憲法裁判所が最も重要な例である）が、個人の諸権利の擁護だけでなく、民主主義全体を守護する任務を課されたのである。[25] 端的に言えば、抑制なき人民主権、あるいは無制約な議会主権（かつてあるドイツの憲法学者が「議会絶対主義」と呼んだもの）への不信が、いわば戦後ヨーロッパ政治のＤＮＡに組み込まれたのである。わたしが「抑制された民主主義（constrained democracy）」と呼ぶ、これらの根本的な諸原理は、二〇世紀の最後の三分の一期に独裁を断ち切り、自由民主主義に転じることができた諸国――一九七〇年代のイベリア半島、一九八九年以後の中東欧――では、ほぼ例外なく採用された。

強調しておく必要があるが、ヨーロッパ統合は、この人民主権を抑制する包括的な試みの一部だった。つまりそれは、国家の抑制に超国家的《スープラナショナル》な抑制を加えたのである[26]（この全体のプロセスが誰かに巧みに操られていたとか、一貫して進んだとか言っているわけではない。もちろん、帰結は偶然的なものであり、特定の政治闘争の勝者と関係がある――この点は、各国裁判所と欧州司法裁判所が役割をめぐって競っていた、個人権保護の事例において、とりわけ明らかである）。当初この論理は、欧州審議会（Council of Europe）［一九四九年設立］や欧州人権規約［一九五〇年調印］のような諸制度に、より明白に表れていた。しかし、自由民主主義的なコミットメントを「ロック・イン」する願望は、一九七〇年代における南欧の民主制への移行という文脈のなかで、ヨーロッパ連合（ＥＵ、一九九三年までは欧州経済共同体〔ＥＥＣ〕）という特殊な事例でより顕著なものとなった〔一九八一年にギリシャ、八六年にポルトガルとスペインが欧州共同体（ＥＣ）に加盟するが、これら三カ国はいずれも七〇年代に民主化を経た諸国であり、ＥＣ加盟は民主化を定着させるためという側面があった〕。

さて、この短い歴史的挿話の要点が何かというと、人民主権への不信に基づいて築かれた政治秩序——明示的に反全体主義的で、暗示的に反ポピュリスト的と言ってもよい秩序——は、人民の参加を最小限に抑えるために設計されたように見えるシステムに反対し、人民全体の名のもとに語る政治アクターに対して、とりわけ脆弱だということである。本書の議論で明確になったように、ポピュリズムは、実際には政治参加の拡大を求めるものではなく、もちろん直接民主主義の実現を求めるものでもない。しかし、ポピュリズムは、そうした要求を掲げる運動に似ており、それゆえ一見したところ、戦後ヨーロッパ秩序が「人民」を遠ざけておくという考えに実際に基づいているといった理由で、いくらかの正統性を獲得できるのである。

なぜヨーロッパは、一九七〇年代半ば以降、そしてとくに近年、ポピュリスト的アクターに対して、とりわけ脆弱になったのか。いくつかの答えは明白かもしれない。つまり、福祉国家の縮小、移民、そして最近ではとりわけユーロ危機である。しかし、危機——経済的であれ社会的であれ、あるいは究極的には政治的であれ——は、本書の意味におけるポピュリズムを自動的には生み出さない（既存の政党システムが崩壊する場合を除いて）。逆に、民主主義国は、絶え間なく危機を惹起するものであり、同時に、自己修正のためのリソースとメカニズムを備えたものと言える。[27]むしろ、少なくとも現在のヨーロッパにおけるポピュリズムの波に関する限り、ユーロ危機——端的にはテクノクラシー［専門家による政治支配］——に焦点を絞った特定のアプローチが、ポピュリズムの現在の興隆を理解するのに重要だと言えるだろう。

奇妙なかたちで、テクノクラシーとポピュリズムは合わせ鏡の関係にある。テクノクラシーは、正しい政策的解決法はただひとつだと考える。他方でポピュリズムは、唯一の真正な人民の意志が存在すると主張する。(28) 最近では、両者は特性まで交換している。つまり、テクノクラシーが道徳化する一方(「ギリシャ人よ、汝の罪——すなわち過去の放蕩——を償わねばならない！」)、ポピュリズムはビジネスライクになった(たとえば、ベルルスコーニやチェコ共和国のバビシュ［ビジネスマン出身の財務相］は、国家を自らの会社のひとつのように運営すると約束している)。テクノクラートにとってもポピュリストにとっても、民主主義的な議論は必要ない。ある意味で、両者は奇妙なほどに非政治的(apolitical)だ。それゆえ、一方が他方の道を拓いていると想定するのは妥当である。なぜなら、意見の相違はありえないという信念をそれぞれに正統化しているからだ。結局のところ、両者はそれぞれ、唯一の正しい政策的解決法が存在し、唯一の真正な人民意志が存在すると考えているのである。

この類似点に気づけば、われわれは、ポピュリスト政党やポピュリスト運動と、緊縮措置やリバタリアン的な経済的処方箋に反対する点に限ってはポピュリストに似ているアクターとを真に分かつものを、いくぶん明確に理解することができよう。フィンランドにおいて、「真のフィン人」党(最近、「フィン人」党に改称した)がポピュリスト政党なのは、彼らがEUを批判するからではなく、真のフイン人を排他的に代表していると主張するからである。また、イタリアにおいて、ベッペ・グリッロがポピュリストだという懸念を引き起こすのは、イタリアの特権階級（*la casta*）に対する彼の不満の訴えのためではなく、他のあらゆる競争者が腐敗し非道徳的だからとして、彼の運動に議席の一〇〇パーセントを求める（そしてそれが当然である）という彼の主張のためである。このロジックに従えば、究極的にはグリッリーニが純粋なイタリア人民である――そして、そのことがまた、すでに言及した五つ星運動内部の独裁的な性格を正当化するのである。

実際のポピュリストを認定することと同時に、エリートを批判するけれども、全体に代わりうる一部分（*pars pro toto*）というロジックは用いない政治アクター（たとえばスペインの怒れる者たち（*indignados*）［という運動］）をポピュリストから区別することは、こんにちのヨーロッパにおけるポピュリズム理論の最も重要な課題である。一部の観察者が「民主主義的行動主義者（democratic activist）」と呼ぶものは――ポピュリストとは対照的に――、何よりもまず特定の諸政策を提案し、人民について語る場合でも、「われわれが、それもわれわれのみが人民である」とは主張せず、むしろ「われわれもまた人民だ」と主張するのである。(29)

リバタリアンの覇権に対抗するために、ポピュリスト的想像力に選択的に依拠しようとする左翼の戦略に疑念を示しておくことも、また重要だろう。ポイントは、リバタリアンへの批判それ自体がポピュリスト的だということ（こうした理解は、「無責任な政策」の問題としてポピュリズムを理解する議論と軌を一にしている）ではない。むしろ難点は、こんにちの主たる政治的紛争を、人民（「被治者」)と、投資ファンドの形態をした事実上の統治者である「市場の民(market people)」との間の紛争として描こうという図式にある[30]。これは、「人民を構築することはラディカルな政治の主たる任務である」というエルネスト・ラクラウの格言によって鼓舞されたように思える。だが、そうした対立は、実際に「人民」を動員するだろうか。ありそうもない。ではそれは、真にポピュリスト的な政治概念の問題を持ち込むだろうか。その可能性はある。

それゆえ、ヨーロッパの多くに見られる、緊縮政策に反対するために(さらに言えば、右翼ポピュリズムの興隆に対抗するために)、特定の「左翼ポピュリズム」を希求することは、無駄であるか、危険である。目的が単に、左翼の有望なオルタナティブや、社会民主主義の再発明を提示することにあるならば、それは無駄である。なぜ、「人民の構築」というジェスチャーの代わりに、新たなマジョリティ(majorities)を形成することについて語らないのだろうか。正確にはどんな人民を構築するというのか。他方で、左翼ポピュリズムが、本書が定義した意味でのポピュリズムを本当に意味するのならば、それは危険である。

では、オルタナティブは何か。富裕層や権力者がシステムから離脱することを防ぎつつ、いま排除されている人びと——一部の社会学者がしばしば「余計者(the superfluous)」と呼ぶもの——を参加させようとするアプローチである。これは、言い換えれば、ある種の新しい社会契約が必要とされているということだ。そうした新しい社会契約への広範な支持が南欧諸国では必要とされているし、その支持は、財政的な正確さだけでなく、公正(fairness)へのアピールを通じてのみ、築かれうる。もちろん、高邁なアピールでは不十分である。そうした新しい調停(settlement)に権限を与えるメカニズムが必要である。それは、実際に選挙時に権力を付与された大連立のかたちで実現するかもしれない。あるいは、たとえあまり成功していないにせよ、アイスランドや、それほど劇的ではないがアイルランドが試みているように、社会がまさに自らの立憲的調停を正式に再交渉するというのも考えられよう。

結論　ポピュリズムについての七つのテーゼ

一、ポピュリズムは、近代民主政治の本来的な一部でもなければ、非合理的な市民が引き起こす病理の一種でもない。それは、代表政治の永続的な影である。あるアクターが、その時点で権力の座にあるエリートに異議を唱える方法として、「真の人民」の名において語る可能性はつねに存在する。古代アテネにはポピュリズムは存在しなかった。おそらくデマゴギーは存在したが、ポピュリズムはなかった。なぜなら後者は、代表制にのみ存在するからである。ポピュリストは政治的代表の原則に反対することはない。ただ彼らは、自分たちのみが正統な代表だと主張するのである。

二、エリートを批判する者がみなポピュリストというわけではない。反エリート主義者であることに加えて、ポピュリストは反多元主義者である。ポピュリストは、自分たちが、それも自分たちだけが人民を代表すると主張する。他のあらゆる政治的競争相手は必然的に非正統なものとされ、自分たちを支持しない者は誰でも、当然ながら人民の一部ではないとされる。自分たちが反対派［野党］のときには、必然的にポピュリストは、エリートが非道徳的である一方、人民は道徳的で同質的な存在であり、その意志は誤ることがないと主張するだろう。

三、しばしばポピュリストは、人民の意志としての共通善を代表すると主張するだろう。よく調べてみると、ポピュリストにとって重要なのは、本物の意思形成プロセスや、常識を備えた者がみな確認できるような共通善を生み出すことではなく、正しい政策の源泉となる「真の人民」を象徴的に代表することであるのが分かる。そうすることによって、ポピュリストの政治的立場は、経験的な論駁から免れることができる。ポピュリストはつねに、選挙で選ばれた代表や、投票の公式結果に対して、「真の人民」や「サイレント・マジョリティ」を掲げて対抗することができるのである。

四、しばしばポピュリストはレファレンダムを要求するが、その意図は、市民の間で民主主義的な意思形成の無限のプロセスを始めることにはない。ポピュリストは単に、すでに彼らが真の人民の意志だと決定したものが追認されることを望むだけである。ポピュリズムは、政治参加の拡大へ通じる道ではないのである。

五、ポピュリストは統治することができるし、彼らだけが人民を代表するという自らの基本的な約束に沿って統治するだろう。具体的に言えば、国家の占拠、大衆恩顧主義《クライエンテリズム》および腐敗、そして批判的な市民社会などの抑圧に、彼らは取り組むだろう。これらの実践は、ポピュリストの政治的想像力では明白に道徳的に正当化されるがゆえに、公然と行われうる。また、ポピュリストは憲法も起草できる。これは、本来的かつ真正な人民の意志を永続化させるという名目のもと、ポピュリストの権力維持を目論む、党派的ないし「排他的」な憲法となるだろう。おそらくそれは、ある時点で深刻な憲法上の紛争を引き起こすだろう。

六、ポピュリストは、彼らの実態――(「リベラリズム」だけでなく)民主主義にとって真の脅威だということ――ゆえに批判されるべきである。しかしこれは、彼らを政治的議論に引き込むべきではないということを意味しない。ポピュリストと話すことは、ポピュリストのように話すことと同じではない。彼らが提起した問題を、彼らの問題の組み立て方を受け入れることなく、真剣に受け止めることは可能である。

七、ポピュリズムは、しばしば主張されるような、政治を「より人民に身近に」するとか、人民主権を再評価するとかといった意味で、自由民主主義を矯正するものではない。しかし、一部の人びとが実際に代表されていないこと(代表の欠如には、利害かアイデンティティ、あるいはその両方が関係しているだろう)を明確にするには、有益でありうる。とはいえ、ポピュリストの支持者だけが真の人民であり、ポピュリストが唯一の正統な代表であるという彼らの主張が正当化されるわけではない。それゆえ、ポピュリズムは、自由民主主義の擁護者に、現代における代表制の失敗について、より真剣に考えることを強いるだろう。さらに、より全般的な道徳的問題に取り組むことも強いるだろう。政体の一員であることの基準は何か。いったいなぜ、多元主義は維持する価値があるのだろうか。いかにして、ポピュリストに投票する者たちを、不満・怒り・憤懣に衝き動かされた男女の病理学的事例としてではなく、自由かつ平等な市民として理解し、彼らの懸念に取り組むことができるのか。

本書がこれらの問題に対して、少なくともいくつかの予備的な答えを提示できたことを願っている。

謝辞

二〇一三年一一月に講演を依頼してくれた、ウィーンの人間科学研究所(ＩＷＭ)に感謝申し上げる。クラウス・ネレン(Klaus Nellen)とその同僚たちのホストは素晴らしく、秋雨の降る夕べに交わされた、彼らや聴衆たちとの議論はきわめて有益だった。二〇一四年夏の再度のＩＷＭ滞在は、わたしの考えをさらに前進させるために役立った。

プリンストン大学の政治学部のメンバー、およびセンター・フォー・ヒューマン・ヴァリューズのスタッフ(とりわけチャック［チャールズ］・ベイツ)にも感謝したい。彼らのお陰で、二〇一二年にポピュリズムに関するワークショップを主催することができた。

そのワークショップで、あるいは講義やセミナーのあとで、二一世紀初頭のヨーロッパ、合衆国、ラテンアメリカにおいて多くの人びとが関心を寄せるトピックについて、わたしと対話してくれた全ての方々に御礼を申し上げたい――同じ事柄について話しているのかさえ、つねに不確かだったけれども(かつてリチャード・ホフスタッターは、「誰もがポピュリズムについて語っているが、誰もそれを定義できない」という印象的なタイトルで講演している――この言明は現在でも妥当すると思う)。

民主主義とポピュリズムに関するわたしの思考は、いかなるときも、左記の友人や同僚たちとの会話のなかで形成された(わたしの理論が彼らを納得させることができたと言っているわけではない)。

Andrew Arato, David Ciepley, Paula Diehl, Zsolt Enyedi, Gábor Halmai, Dick Howard, Carlo Invernizzi Accetti, Turkuler Isiksel, Dan Kelemen, Seongcheol Kim, Alex Kirshner, Mattias Kumm, Cas Mudde, Cristóbal Rovira Kaltwasser, Ivan Krastev, Ralf Michaels, Paulina Ochoa Espejo, Kim Lane Scheppele, Nadia Urbinati. とりわけ、クリストーバル［・ロビラ・カルトワッセル］に感謝したい。サンティアゴにご招待いただき、ディエゴ・ポルタレス大学で彼や同僚たちと議論することができた。また、二〇一六年四月に本書を仕上げる際、きわめて有益な対話を交わしてくれたBalázs Trencsényiにも感謝したい。さらに、オランダ政治に関する情報を教示してくれた、Koen VossenとRené Cuperusにも感謝申し上げる。

　本書は、以下のこれまでのわたしの業績に依拠している。“Populismus: Theorie und Praxis”（*Merkur*, vol. 69, 2015）, “Parsing Populism: Who Is and Who Is Not a Populist These Days?”（*Juncture*, vol. 22, 2015）, “‘The People Must Be Extracted from within the People’: Reflections on Populism”（*Constellations*, vol. 21, 2014）, “Anläufe zu einer politischen Theorie des Populismus”（*Transit*, no. 44, 2013）, “Towards a Political Theory of Populism”（*Notizie di Politeia*, no. 107, 2012）. そして、*Dissent, The New York Review of Books Daily, The Guardian, Le Monde, Die Zeit, Süddeutsche Zeitung, Neue Zürcher Zeitung*に寄稿した多数の記事。

　わたしは、二人の編集者、すなわち本書のドイツ語版を手伝ってくれたHeinrich Geiselbergerと、アメリカ版の熱心な支援者Damon Linkerに感謝している。お二人とも辛抱強く、問題への対処は迅速だった。

最後に、家族から受けた恩に感謝したい。とりわけ、わたしが本書をまとめているとき、様々な方法で助けてくれたHeidrun Müllerに感謝する。

本書は、わたしの子供たちに捧げられる。子供たちは、初めて自覚的に大統領選キャンペーンを経験している。彼らには、様々な民主主義の展望が広く開かれている。わたしにはホイットマンのようになることは望めないが、その献辞を手本としたい。すなわち、「民主主義への確信および憧憬と、人民の粗野、悪徳、気まぐれとの間で一進一退する闘争が、その思想のなかで激しく戦われているような、彼もしくは彼女に」敬意を表する〔ウォールト・ホイットマン『民主主義の展望(*Democratic Vistas*)』(一八七一年)からの一節〕。

訳者あとがき

本書は、Jan-Werner Müller, *What Is Populism?* Philadelphia: University of Pennsylvania Press, 2016 の全訳である。

「世界に幽霊が徘徊している。ポピュリズムという幽霊が」。ギタ・イオネスクとアーネスト・ゲルナーが論文集『ポピュリズム』(未邦訳、本書第一章の冒頭を参照)で、このマルクスとエンゲルスの『共産党宣言』をもじった文章を記したのは、一九六九年のことであった。

しかし、それから半世紀近く経った現在ほど、この言い回しがふさわしい時代はない。「ポピュリズム」は、いまや時代のキーワードとなった。二〇一六年に世界を驚かせた二つの出来事、すなわちEU脱退をめぐる英国国民投票で離脱派が勝利したこと、そしてアメリカ大統領選で当初は誰もが際物と思っていたドナルド・トランプが最終的な勝者となったことも、「ポピュリズム」という言葉で説明されることが多い。

ではいったい、「ポピュリズム」とは何だろうか。いまのところ共通了解は存在しない。日本のメディアでは、しばしば「大衆迎合主義」と訳され、基本的には負のレッテルとして使われる傾向がある。欧州でも「ポピュリスト」というと、だいたい軽蔑の言葉である。一方で、南北アメリカではいささか事情が異なる。たとえばオバマ前米大統領は、労働者の生活水準や子供の教育環境を改善させ、社会正義を実現しようとする人を「ポピュリスト」と呼んだ(それゆえ、オバマにとってトランプはポピュリストの名に値しない)。

こうして共通了解のないまま「ポピュリズム」や「ポピュリスト」という言葉が政治的言説に溢れ、いまや「ポピュリストのインフレ状態」(ハンスペーテル・クリージ)といった感がある。

そうしたなか、「ポピュリズムとは何か」という問題に正面から、しかも簡潔に答えようとしたのが、本書である。

本書は、二〇一六年九月に、大統領選を控えたアメリカで刊行されるや否や、瞬く間に話題となり、各紙誌で「ポピュリズムを理解するための最良の書」と称賛されている。すでに刊行されたフランス語版などをはじめ、現在のところ、この日本語版も含めた一二か国語の翻訳が予定されている。*

＊　なおミュラーは、二〇一六年四月に(つまり英語版より前に)ドイツ語で『ポピュリズムとは何か』という本を刊行している(*Was ist Populismus? Ein Essay*, Berlin: Suhrkamp, 2016)。ドイツ語版もミュラー自身の筆によるもので、もちろん中核的な主張は英語版と同じだが、内容は若干異なる。どちらかといえば、ドイツ語版の方が、学術書的な色彩が強く、英語版ではほとんど触れられないドイツの政治・思想状況にも言及がある。また、ドイツ語版は、英語版より注も多く、最後の「結論」のテーゼも、七ではなく一〇挙げられている。ご関心がある方は、ドイツ語版も参照されたい。

ここで簡単に著者の経歴を紹介しよう。ヤン＝ヴェルナー・ミュラーは、一九七〇年に当時の西ドイツで生まれ、ベルリン自由大学、ユニヴァーシティ・カレッジ・ロンドン、オックスフォード大学セント・アントニーズ・カレッジ、プリンストン大学で政治思想史・政治理論を学び、オックスフォード大学で博士号を取得。一九九六年から二〇〇三年までオックスフォード大学オール・ソウルズ・カレッジの研究員、二〇〇三年から〇五年までセント・アントニーズ・カレッジのヨーロッパ研究センターの研究員を務め、二〇〇五年からプリンストン大学政治学部で教鞭をとっている。現在は、プリンストン大学政治学部教授（政治思想史・政治理論担当）である。

またその間、ブダペスト高等研究所、ヘルシンキ高等研究所、ウィーン人間科学研究所、ニューヨーク大学レマルク研究所、ハーヴァード大学ヨーロッパ研究センター、フィレンツェの欧州大学院大学（ＥＵＩ）ロベール・シューマン高等研究センターの客員研究員や、フランス社会科学高等研究院（ＥＨＥＳＳ）、ミュンヘン大学、ベルリン・フンボルト大学、パリ政治学院の客員教授を歴任している。

その若さにもかかわらず、これまでのミュラーの著作は膨大である。編著、論文、書評、そして無数の新聞・雑誌へのコメントは割愛し、単著だけを以下に挙げる。

① *Another Country: German Intellectuals, Unification and National Identity*, New Haven and London: Yale University Press, 2000.

②*A Dangerous Mind: Carl Schmitt in Post-War European Thought*, New Haven and London: Yale University Press, 2003.（ヤン・ヴェルナー・ミューラー著、中道寿一訳『カール・シュミットの「危険な精神」――戦後ヨーロッパ思想への遺産』ミネルヴァ書房、二〇一一年）

③*Constitutional Patriotism*, Princeton and Oxford: Princeton University Press, 2007.（斎藤一久・田畑真一・小池洋平監訳『憲法パトリオティズム』法政大学出版局、二〇一七年）

④*Contesting Democracy: Political Ideas in Twentieth-Century Europe*, New Haven and London: Yale University Press, 2011.（『試される民主主義――二〇世紀ヨーロッパの政治思想（上・下）』岩波書店、二〇一九年）

⑤*Wo Europa endet: Ungarn, Brüssel und das Schicksal der liberalen Demokratie*, Berlin: Suhrkamp, 2013.

現在のところ彼の主著と言える*Contesting Democracy*（④）は、民主主義をキーワードとして二〇世紀のヨーロッパ政治思想史を描き出した傑作だが、これは八か国語に訳され、右記のように岩波書店から日本語版の刊行も予定されている。また、*Constitutional Patriotism*（③）も、近刊の日本語版も含め八か国語に訳される予定である。まさに、いま世界的に注目されている政治学者の一人と言えよう。近刊の単著としては、*Furcht und Freiheit: Ein anderer Liberalismus*, Berlin: Suhrkamp と *Christian Democracy: A New Intellectual History*, Cambridge, Mass.: Harvard University Press が予告されている。

さて、本書『ポピュリズムとは何か』の特徴は、ポピュリズムを「反多元主義」と捉え、明確に民主主義にとっての脅威と位置づけていることにある。

しばしばポピュリズムの定義として「エリート批判」が挙げられるが、ミュラーの主張によれば、エリート批判はポピュリズムの十分条件ではない。さらに、エリート批判の意味を、権力ができる限り広範に分散されるべきであるという主張と捉えるならば、ポピュリストは反エリート主義者ですらない。なぜなら、ポピュリストは、自分たちが代表である限りは代表制に賛成だし、自分たちが人民を指導するエリートである限りはエリートの存在を肯定するからである。

また、ミュラーによれば、ポピュリズムは、単に反多元主義というだけではない。ミュラーは、ポピュリズムを、政治世界を道徳主義的に認識するものと捉えている。つまり、「道徳的に純粋な人民」という存在を想定して(それに対置されるのは「腐敗したエリート」や「怠惰なマイノリティ」である)、政治世界を認識する方法がポピュリズムなのである(この点で、同じ反多元主義でも、たとえば単なる権威主義とは区別される)。先のエリート批判との関連で言えば、エリートを、道徳的に純粋な人民と対置し、腐敗したものとして描くという点において(のみ)、ポピュリストは反エリート主義者なのである。

既存の多くのポピュリズム研究に向けるミュラーの批判は厳しい。具体的には第一章を参照して頂きたいが、ミュラーが再三強調するのは、ポピュリズムが、ある特定の心理学的な傾向でもなければ、ある特定の階級の問題でもないし、政策の質の問題でもないし、政治スタイルの問題でもないということである。また、単に「人民」に訴える動員戦略でもない。そうではなく、ポピュリズムは、ある特定の言語を用いる政治だとミュラーは指摘する。すなわち、「自分たちが、それも自分たちだけが真の人民を代表する」という主張こそが、ポピュリズムなのである。

　こうしたポピュリズム理解は刺激的である。なぜなら、社会科学者の多くは、ポピュリズムを、（決して褒められないものであることは認めつつ）「人民」から隔たってしまった現代民主政治を活性化させる好機とも考えてきたからだ。こうした想定をミュラーは厳しく退けるのである。

　このようにミュラーは、ポピュリズムを、リベラリズムのみならず、まさに民主主義にとっての脅威だと強調する。その例証として、ミュラーは「統治するポピュリスト」にも一章分を割いている（第二章）。そこでは、エルドアンのトルコ、オルバーンのハンガリー、「法と正義（PiS）」のポーランドなどが取り上げられ、「ポピュリズムが傷つけているのは民主主義それ自体であること」が示されている。

　その際、ミュラーが言う「民主主義」とは、「法の支配」や「抑制と均衡《チェック・アンド・バランス》」、政治的諸権利（言論および集会の自由、メディアの複数性、マイノリティの保護など）の保障、そしてとりわけ、マジョリティの可謬性への認識を含むものである。従来、これらはリベラリズムの範疇で語られがちであったが、民主主義にとっても不可欠であることをミュラーは力説するのである（それゆえミュラーは、

「非リベラルな民主主義国」という呼称を執拗に攻撃する。そして、これらの民主主義の諸要素を、ポピュリズムは毀損しているというのだ。

ただし、ミュラーが「人民」に依拠した政治自体を否定しているわけではないことにも注意すべきである。問題はあくまで反多元主義であり、「自分たちだけが人民を代表する」と主張するポピュリストの排他性なのである。それゆえ、ミュラーの定義を適用するならば、（いささか奇妙に響くかもしれないが）「ポピュリズム」の語源でもある一九世紀末アメリカの人民党や、バーニー・サンダースといった存在は、（反多元主義的ではないゆえに）ポピュリストではないのである。

本書は、ポピュリズムを明確に定義することによって、民主主義にとっての脅威を特定する一方で、「ポピュリスト」と一緒くたに呼ばれてきた、ある種の（サンダースのような）人びとを救い出す試みでもある。

本書を通じて読者は、「ポピュリズムとは何か」について、ひとつの明確な答えを手に入れるとともに、その裏返しとして、そもそも「民主主義とは何か」についても考えることができるだろう（たとえば、九六〜九七頁のポピュリズムと民主主義の対比を参照せよ）。

もちろん、ミュラーのポピュリズム理解（ひいては民主主義理解）が唯一正しいと言い張るつもりは訳者にもないが、少なくとも今後ポピュリズムを論じるにあたっては、本書と格闘することが必須となるであろう。

本書は短い著作ではあるが、これまでのミュラーの研究エッセンスがつまったものと言える。たとえば、主著の『試される民主主義』(前掲④)では、すでに二〇世紀ヨーロッパにおける「人民」概念の問題性(および戦後ヨーロッパの政治制度が「人民」から距離を取ったこと)が指摘されており、本書はそれを発展させたものである。

また、ミュラーは戦後ドイツ政治思想の研究からキャリアをスタートしているが、そこから二つのテーマが本書にも活かされていることが看取できる。ひとつは、ドイツのナショナル・アイデンティティを問いつつ、政治理論に寄与する研究(前掲の単著で言えば、ドイツ統一をめぐる知識人の知的格闘を扱った①や、「憲法パトリオティズム」を論じた③)。もうひとつは、カール・シュミット研究である(前掲②は、シュミットの思想が戦後ヨーロッパの左翼・右翼にいかにして受容されたかが検討されている)。ポピュリズムとアイデンティティ・ポリティクスとの関連の指摘は本書の主張のひとつだし、いかにシュミットの「人民」解釈が、ミュラーのポピュリズム理解に影響を与えているかは、本書を読まれた方にはお分かりになるであろう(たとえば、三六頁や六六〜六七頁)。

さらに、すでに述べたように、ミュラーのポピュリズム論の特徴は、旧「東欧」諸国などを題材に「統治するポピュリスト」も扱っていることだが、すでにミュラーは、『ヨーロッパの終わるところ——ハンガリー、ブリュッセル、自由民主主義の運命』(⑤)という小著で、EUの自由民主主義に対して、ハンガリーのオルバーン政権の存在が与える影響を詳しく論じている。

要するに本書は、一級の政治思想史・政治理論研究者が、自らの知見をフルに活用して、現代世界の重要問題であるポピュリズムを論じたものだと言えよう。

なお、日本においても、当然のごとくポピュリズムへの関心は高まっており、研究や一般書も蓄積されてきた。たとえば、政治学者が執筆した良質な一般書としては、大嶽秀夫『日本型ポピュリズム――政治への期待と幻滅』(中公新書、二〇〇三年)、吉田徹『ポピュリズムを考える――民主主義への再入門』(NHKブックス、二〇一一年)、水島治郎『ポピュリズムとは何か――民主主義の敵か、改革の希望か』(中公新書、二〇一六年)などが挙げられよう。とはいえ、ミュラーのように、ポピュリズムの核心を反多元主義と喝破し、真っ向から民主主義への脅威と論じたものは(少なくとも概説書レベルでは)ないように思える。本書を日本の読者に届ける意義は十分にあると確信している。

本訳書の刊行は、岩波書店の小田野耕明さんとの二人三脚の作業であった。現在訳者がドイツで在外研究中のため、通例の編集作業のみならず、資料の収集や訳語の確認にいたるまで、小田野さんにお手伝い頂いた。記して感謝申し上げたい。また、フランスの国民戦線について不明な点をご教示頂いた、朝日新聞社の国末憲人さんにも御礼申し上げたい(国末さんの近著『ポピュリズム化する世界』(プレジデント社、二〇一六年)は、格好のポピュリズム入門書である)。さらに、ミュラーの本書をいち早く取り上げ、批判を加えたご論考「It's the Populism, Stupid!」(『現代思想』二〇一七年一月号)を、訳者にご恵贈くださった山本圭先生にも感謝したい(本書におけるミュラーの論敵のひとりはエルネスト・ラクラウだが、ラクラウについては、山本先生の『不審者のデモクラシー――ラクラウの政治思想』(岩波書店、二〇一六年)を参照されたい)。

最後に、本訳書の刊行を許可してくださり、「日本語版への序文」の執筆も快諾してくださった、著者のヤン＝ヴェルナー・ミュラーさんに感謝したい。

板橋拓己

二〇一七年三月

試される民主主義 20世紀ヨーロッパの政治思想（上・下）
ヤン＝ヴェルナー・ミュラー
板橋拓己
田口晃 監訳
四六判各三〇〇頁
定価(上)三〇八〇円
定価(下)二八六〇円

現代議会主義の精神史的状況 他一篇
カール・シュミット
樋口陽一 訳
岩波文庫
定価七九二円

ルポ トランプ王国
―もう一つのアメリカを行く―
金成隆一
岩波新書
定価九六八円

ヨーロッパ・コーリング・リターンズ
―地べたからのポリティカル・レポート―
ブレイディみかこ
岩波現代文庫
定価一二六五円

保守の比較政治学
―欧州・日本の保守政党とポピュリズム―
水島治郎 編
A5判二九八頁
定価五二八〇円

大衆の反逆
オルテガ・イ・ガセット
佐々木孝 訳
岩波文庫
定価一二七六円

検証 ナチスは「良いこと」もしたのか？
小野寺拓也
田野大輔
岩波ブックレット
定価九〇二円

岩波書店刊

定価は消費税 10% 込です
2023 年 10 月現在

ヤン＝ヴェルナー・ミュラー(Jan-Werner Müller)
1970年ドイツ生まれ．オックスフォード大学で博士号取得．現在，プリンストン大学政治学部教授．政治思想史・政治理論．著書多数．邦訳書に『カール・シュミットの「危険な精神」――戦後ヨーロッパ思想への遺産』(ミネルヴァ書房)，『憲法パトリオティズム』(法政大学出版局)，『試される民主主義――20世紀ヨーロッパの政治思想(上・下)』(岩波書店)，『民主主義のルールと精神――それはいかにして生き返るのか』(みすず書房)．

板橋拓己
1978年栃木県生まれ．北海道大学大学院法学研究科博士後期課程修了．博士(法学)．成蹊大学法学部教授を経て，現在，東京大学大学院法学政治学研究科教授．国際政治史・ヨーロッパ政治史．著書に『中欧の模索――ドイツ・ナショナリズムの一系譜』(創文社)，『アデナウアー――現代ドイツを創った政治家』(中公新書)，『黒いヨーロッパ――ドイツにおけるキリスト教保守派の「西洋《アーベントラント》」主義，1925～1965年』(吉田書店)，『分断の克服 1989-1990――統一をめぐる西ドイツ外交の挑戦』(中公選書)ほか．

ポピュリズムとは何か　　ヤン＝ヴェルナー・ミュラー

2017年 4月18日　第1刷発行
2023年10月 5日　第7刷発行

訳 者　板橋拓己《いたばしたくみ》

発行者　坂本政謙

発行所　株式会社 岩波書店
〒101-8002 東京都千代田区一ツ橋2-5-5
電話案内 03-5210-4000
https://www.iwanami.co.jp/

印刷・理想社　カバー・半七印刷　製本・松岳社

ISBN 978-4-00-024796-2　　Printed in Japan

人名索引

（イタリックは原注のページ数）

ア行

カ行

サ行

タ行

ナ行

ハ行

マ行

ラ行

ワ行

原　注

序章

（1）　Ivan Krastev, "The Populist Moment," available at http://www.eurozine.com/articles/2007-09-18-krastev-en.html, accessed March 1, 2012.

（2）　Daniel A. Bell, *The China Model: Political Meritocracy and the Limits of Democracy*（Princeton, NJ: Princeton University Press, 2015）.

第 1 章

（1）　Ghita Ionescu and Ernest Gellner, "Introduction," in Ghita Ionescu and Ernest Gellner（eds.）, *Populism: Its Meaning and National Character*（London: Weidenfeld & Nicolson, 1969）, 1–5; here 1.

（2）　責任か応答か（responsible or responsive）という、政府にとってのジレンマについて体系的に論じたものとして、次を参照。Peter Mair, *Ruling the Void: The Hollowing of Western Democracy*（New York: Verso, 2013）.

（3）　Cas Mudde and Cristóbal Rovira Kaltwasser（eds.）, *Populism in Europe and the Americas: Threat or Corrective for Democracy?*（New York: Cambridge University Press, 2013）.

（4）　Benjamin Arditi, "Populism as an Internal Periphery of Democratic Politics," in Francisco Panizza（ed.）, *Populism and the Mirror of Democracy*（London: Verso, 2005）, 72–98.

（5）　確かに近年、いくつかのヨーロッパ諸国では、リベラルな諸価値の名を借りた、ある種のポピュリズムが目立ってきている。たとえば、オランダのピム・フォルタインやヘールト・ウィルデルスなどである。しかし、これは依然として、ある特定の人びとを、それに属さない他者から区別するための道徳的差異の指標として「自由（freedom）」や「寛容」を利用するポピュリズムである。要するに、リベラリズムではない。

（6）　とはいえ、全てが相対的というわけではない。民主主義も同様に高度に論争的な概念だが、それは民主主義理論に取り組むことを放

棄する理由にはならない。

(7) 専門的に言えば、わたしはマックス・ヴェーバーによって提示された意味における理念型を構築しようとしている。その目的は、部分的には、ポピュリズムと民主主義との間の重大な差異とわたしが考えるものを明らかにするためである。ここには明らかに循環論法の危険がある。つまり、ポピュリズムと民主主義が異なることを見出すためだけに、ポピュリズムの定義に、政治的、道徳的、あるいは美的に不快と考える特徴を組み入れることである——民主主義がそれ自体ひとつの論争的な概念ではなく、万人が同意するに違いない意味をもっていると言い張ることができるならば、これはより容易な操作となるだろう。言い換えれば、高度に党派的な手法で[ポピュリズムと民主主義の]対比を描きさえすれば、きわめて明確な規範的イメージを手にすることができるという危険があるのである。これは、ポピュリズムを対象とした比較政治学者たちの悩みとは異なるものである。比較政治学者たちの主たる不安は、概念拡張である。次を参照せよ。Giovanni Sartori, "Concept Misformation in Comparative Politics," in *American Political Science Review*, vol. 64(1970), 1033–1053.

(8) わたしは、いわゆる「理論のための理論(theory theory)」——複雑でしばしば全く不透明な同時代史には関わらず、他の理論に応じることに主要な関心があるような特定の政治理論——についての懸念を共有している。けれども、そうした懸念が、芝居がかった「リアリズム」への要求によって最もよく表現できるとは考えていない。それは、具体化された「リアリズム」に関する、さらなる理論のための理論をもたらすだけだろう。どの「何をなすべきか?」が正統な問題なのかを議論するよりも、理論家にはするべきことがあるだろう。

(9) Ralf Dahrendorf, "Acht Anmerkungen zum Populismus," in *Transit: Europäische Revue*, no. 25(2003), 156–163.

(10) ネオリベラルな政策の内容とポピュリズムが——要求のロジックとして——きわめてよく調和しうるというのは別個の問題である。次を参照せよ。Kurt Weyland, "Neopopulism and Neoliberalism in Latin America: Unexpected Affinities," in *Studies in Comparative International Development*, vol. 31(1996), 3–31; and Cristóbal Rovi-

ra Kaltwasser, "From Right Populism in the 1990s to Left Populism in the 2000s—And Back Again?," in Juan Pablo Luna and Cristóbal Rovira Kaltwasser (eds.), *The Resilience of the Latin American Right* (Baltimore: Johns Hopkins University Press, 2014), 143–166.

(11) マックス・ヴェーバーの責任ある読者ならば、即座に尋ねるであろう疑問である。

(12) Karin Priester, *Rechter und linker Populismus: Annäherung an ein Chamäleon* (Frankfurt am Main: Campus, 2012), 17.

(13) この「ジェンダー・ギャップ」については、次を参照せよ。Cas Mudde and Cristóbal Rovira Kaltwasser, "Populism," in Michael Freeden et al. (eds.), *The Oxford Handbook of Political Ideologies* (New York: Oxford University Press, 2013), 493–512.

(14) Vanessa Williamson, Theda Skocpol, and John Coggin, "The Tea Party and the Remaking of Republican Conservatism," in *Perspectives on Politics*, vol. 9 (2011), 25–43; here 33.

(15) Mark Elchardus and Bram Spruyt, "Populism, Persistent Republicanism and Declinism: An Empirical Analysis of Populism as a Thin Ideology," in *Government and Opposition*, vol. 51 (2016), 111–133.

(16) Roy Kemmers, Jeroen van der Waal, and Stef Aupers, "Becoming Politically Discontented: Anti-Establishment Careers of Dutch Nonvoters and PVV Voters," in *Current Sociology*, http://csi.sagepub.com/content/early/2015/11/15/0011392115609651.full.pdf+html.

(17) 人は憤懣と怒りを同時に抱くことはできないということを指摘しておくのは有益だろう。怒り (anger) は即座に表明されるものである。他方で憤懣は、時を経て育まれた復讐への願望として「募る (fester)」ものである。

(18) Max Scheler, *Ressentiment*, ed. Lewis A. Coser, trans. William W. Holdheim (New York: Free Press, 1961) [マックス・シェーラー著、林田新二訳「道徳の構造におけるルサンチマン」『シェーラー著作集 4 価値の転倒 上』白水社、1977 年].

(19) Bert N. Bakker, Matthijs Rooduijn, and Gijs Schumacher, "The Psychological Roots of Populist Voting: Evidence from the United

States, the Netherlands and Germany," in *European Journal of Political Research*, vol. 55(2016), 302–320. 本研究の著者たちは、露骨にこう結論づけている。「マリーヌ・ル・ペン、ヘールト・ウィルデルス、サラ・ペイリン、ナイジェル・ファラージのようなポピュリストは、不愉快なパーソナリティをもった有権者を活気づけるスキルに精通している。これが、政治的な諸文脈を横断して彼らを団結させ、政治的諸文脈内で彼らを既成政党から引き離したものであり、彼らも予期しなかった成功の背後にあるものである」(317)。

(20) いかにして感情が「認知的前提(cognitive antecedents)」を有しているかについての説明は、次を参照せよ。Jon Elster, *Alchemies of the Mind: Rationality and the Emotions*(Cambridge: Cambridge University Press, 1999).

(21) しかしながら、マルコ・デラーモが考えるように(Marco D'Eramo, "Populism and the New Oligarchy," in *New Left Review*, no. 82 (July–August 2013), 5–28)、こんにち「ポピュリスト」として批判される誰もが、本物の急進的民主主義者(radical democrat)として規範的に認められるというわけではない。

(22) Seymour M. Lipset, *Political Man: The Social Bases of Politics* (Garden City, NY: Doubleday, 1963), 178[S. M. リプセット著、内山秀夫訳『政治のなかの人間——ポリティカル・マン』東京創元新社、1963年].

(23) Victor C. Ferkiss, "Populist Influences on American Fascism," in *The Western Political Quarterly*, vol. 10(1957), 350–373; here 352.

(24) ティーパーティーの事例に関して、憤懣についての単純化された診断を超えようとする試みとして、次を参照。Lisa Disch, "The Tea Party: A 'White Citizenship Movement?,'" in Lawrence Rosenthal and Christine Trost(eds.), *Steep: The Precipitous Rise of the Tea Party*(Berkeley: University of California Press, 2012), 133–151.

(25) Helmut Dubiel, "Das Gespenst des Populismus," in Helmut Dubiel(ed.), *Populismus und Aufklärung*(Frankfurt am Main: Suhrkamp, 1986), 33–50; here 35.

(26) のちに論じるように、ポピュリストは代表(representation)に反

対していない――それゆえ、わたしは「ポピュリスト民主主義」と「代表制民主主義」を対置する分析には同意しない。たとえば、その他の点では優れている次の論文を見よ。Koen Abts and Stefan Rummens, "Populism versus Democracy," in *Political Studies*, vol. 55 (2007), 405–424.

(27) また、ポピュリスト政党の投票者は、明らかに不寛容で反多元主義的な考えを支持しているという、いくつかの経験的な証拠がある。次を参照。Agnes Akkerman, Cas Mudde, and Andrej Zaslove, "How Populist Are the People? Measuring Populist Attitudes in Voters," in *Comparative Political Studies* (2013), 1–30.

(28) Claude Lefort, *Democracy and Political Theory*, trans. David Macey (Cambridge, UK: Polity, 1988), 79.

(29) Nancy L. Rosenblum, *On the Side of the Angels: An Appreciation of Parties and Partisanship* (Princeton, NJ: Princeton University Press, 2008).

(30) See also C. Vann Woodward, "The Populist Heritage and the Intellectual," in *The American Scholar*, vol. 29 (1959–60), 55–72.

(31) Andrew Arato, "Political Theology and Populism," in *Social Research*, vol. 80 (2013), 143–172.

(32) "The Inaugural Address of Governor George C. Wallace, January 14, 1963, Montgomery, Alabama," available at http://digital.archives.alabama.gov/cdm/ref/collection/voices/id/2952, accessed April 28, 2016.

(33) ウォレスが次のように語るとき、この真の合衆国と「南部」の同一視はきわめて明瞭である。「聴け、南部の人たちよ！　この国の北や西に移った息子や娘たちよ……わたしたちはあなた方の母なる地からあなた方に、国民的な支持や投票でわたしたちに加勢するよう求めます……そしてわたしたちは知っています……あなたがどこにあろうとも……南部の中心から離れても……たとえこの広大な国の最も遠いところに住んでいようとも、あなたは答えてくれるだろうということを……あなたの心は決してディキシーランド[米国南部諸州]を離れてはいないということを」。See ibid.

(34) Ibid.

(35) この点を指摘してくれたデイモン・リンカーに感謝する。"CBS

Weekend News," Internet Archive, May 7, 2016, https://archive.org/details/KPIX_20160508_003000_CBS_Weekend_News#start/540/end/600.

(36) Margaret Canovan, *The People* (Cambridge, UK: Polity, 2005).

(37) 生産者主義は純粋に経済的なものではありえない――それは生産者に価値を置いた道徳的な概念である。最も重要な例として、ジョルジュ・ソレルの政治思想を想起せよ。

(38) Michael Kazin, *The Populist Persuasion: An American History* (Ithaca, NY: Cornell University Press, 1998).

(39) いまやわれわれは「生まれながらの市民(natural-born citizen)」という言葉の意味に関する一連の学術文献に恵まれている。たとえば次を参照。Paul Clement and Neal Katyal, "On the Meaning of 'Natural Born Citizen,'" in *Harvard Law Review*, March 11, 2016, http://harvardlawreview.org/2015/03/on-the-meaning-of-natural-born-citizen.

(40) この点につき、イヴァン・クラチェフとジョルト・エニエディ(Zsolt Enyedi)の教示に感謝する。

(41) この点で、突如としてポピュリストは、認識論的な民主主義概念の擁護者のように思われうる。

(42) Cas Mudde and Cristóbal Rovira Kaltwasser, "Populism," in Michael Freeden et al.(eds.), *The Oxford Handbook of Political Ideologies* (New York: Oxford University Press, 2013), 493–512.

(43) ピエール・ロザンヴァロンは、ポピュリズムは三重の単純化を必然的に含むと論じた。すなわち、第一に、腐敗したエリート対同質的な人民という基本線に沿った、政治的・社会学的な単純化。第二に、中間権力の汚れた世界に反対する、手続き的かつ制度的な単純化。そして第三に、同質的なアイデンティティの問題にまで還元された、社会的紐帯の単純化である。以下を参照。Pierre Rosanvallon, "Penser le populisme," in *La Vie des idées*, September 27, 2011, available at http://www.laviedesidees.fr/Penser-le-populisme.html, accessed February 18, 2016.

(44) Quoted in Zsolt Enyedi, "Plebeians, *Citoyens* and Aristocrats, or Where Is the Bottom of the Bottom-up? The Case of Hungary," in Hanspeter Kriesi and Takis S. Pappas (eds.), *European Populism*

in the Shadow of the Great Recession(Colchester, UK: ECPR Press, 2015), 235–250; here 239–240.

(45) ジル・ルポールが指摘するように、この言葉[サイレント・マジョリティ]は、ニクソンがヴェトナム戦争を支持する想定上のマジョリティを指すために使うまでは、死者の婉曲語法であった。Jill Lepore, *The Whites of Their Eyes: The Tea Party's Revolution and the Battle over American History*(Princeton, NJ: Princeton University Press, 2010), 4–5.

(46) たとえば次を参照。Giovanni Gentile, "The Philosophic Basis of Fascism," in *Foreign Affairs*, vol. 6(1927–28), 290–304.

(47) Hans Kelsen, *Vom Wesen und Wert der Demokratie*(1929; repr., Aalen: Scientia, 1981), 22[ハンス・ケルゼン著、長尾龍一・植田俊太郎訳『民主主義の本質と価値』岩波文庫、2015年]. またケルゼンは、近代民主主義は不可避的に政党民主主義であるとも結論づけている。

(48) ポピュリストによる象徴的な人民のイメージは、必ずしも新奇なものではない。バルドゥス[・デー・ウバルディス]のような中世の理論家は、王の二つの身体の理論と類似した考えを抱いていた。その考えによれば、一方では経験的で、つねに変わりゆく、個々人から成る集団としての人民があり、他方では神秘体(*corpus mysticum*)としての永遠の人民(*populus*)があるのである。次を参照。Ernst H. Kantorowicz, *The King's Two Bodies: A Study in Medieval Political Theology*(1957; repr., Princeton, NJ: Princeton University Press, 1997), 209[エルンスト・H. カントーロヴィチ著、小林公訳『王の二つの身体——中世政治神学研究』上下巻、ちくま学芸文庫、2003年]. 神秘体は、擬制的ないし法学的な(集合的)人格を示す法人としての特徴をもつ。それゆえ、擬制的身体(*corpus fictum*)や想像された身体(*corpus imaginatum*)や表象された身体(*corpus repraesentatum*)と同じ意味で用いられた。王の自然的身体から王の政治的身体を区別する可能性がつねに存在したのと同じように、人民の政治的身体(バルドゥスがひとつの神秘体へと結合した人間の集合(*hominum collectio in unum corpus mysticum*)と呼んだもの)と、制度を媒介として代表されたものとしての人民は切り離されうる。そして、チャールズ一世の敵対者たちにとって「王

を護るために王と闘う」ことが矛盾ではなかったのと同じように、ポピュリストは、真の人民と民主主義を護るために、民主的に選出されたエリートと闘うと主張するのである。チャベスの支持者が「チャベスが死んだとわれわれチャベス主義者(Chavistas)に伝えることは、キリストが死んだとキリスト教徒に伝えるようなものである」と説明するとき、王の二つの身体は健在であるように思える。次を参照。Carl Moses, "Bildersturm in Caracas," in *Frankfurter Allgemeine Zeitung*, January 8, 2016, http://www.faz.net/aktuell/politik/ausland/amerika/venezuela-bildersturm-in-caracas-14004250-p2.html?printPagedArticle=true#pageIndex_2, accessed January 15, 2016.

(49) Pierre Rosanvallon, "Revolutionary Democracy," in Pierre Rosanvallon, *Democracy Past and Future*, ed. Samuel Moyn (New York: Columbia University Press, 2006), 79–97; here 79–82. かつてジョン・クインジー・アダムズは次のように観察していた。「民主主義は記念碑をもたない。メダルも鋳造しない。貨幣に人の顔も刻まない。まさに民主主義の本質は偶像破壊的なのである」。Quoted in Jason Frank, "The Living Image of the People," in *Theory & Event*, vol. 18, no. 1 (2015), at https://muse.jhu.edu/article/566086. 実のところ、民主主義以前の時代には民主主義の像が存在しており、それはしばしば平服で蛇をもっていた(人民は地べたで生活し、そしておそらく潜在的に毒をもつものだということを象徴している)。次を参照。Uwe Fleckner et al. (eds.), *Politische Ikonographie: Ein Handbuch* (Munich: C. H. Beck, 2011).

(50) たとえばスイス国民党の「契約」については次を参照。http://www.svp.ch/de/assets/File/positionen/vertrag/Vertrag.pdf, accessed February 13, 2015.

(51) Christopher H. Achen and Larry M. Bartels, *Democracy for Realists: Why Elections Do Not Produce Responsive Government* (Princeton, NJ: Princeton University Press, 2016).

(52) Quoted in Paula Diehl, "The Populist Twist," manuscript on file with author.

(53) Kathleen Bruhn, "'To Hell with Your Corrupt Institutions!': AMLO and Populism in Mexico," in Cas Mudde and Cristóbal Ro-

vira Kaltwasser (eds.), *Populism in Europe and the Americas: Threat or Corrective for Democracy?* (New York: Cambridge University Press, 2012), 88–112.

(54) Mark Meckler and Jenny Beth Martin, *Tea Party Patriots: The Second American Revolution* (New York: Holt, 2012), 14.

(55) Bernard Manin, *The Principles of Representative Government* (New York: Cambridge University Press, 1997).

(56) Ibid.

(57) Ibid. 実際、「アイデンティティ」は、国民社会主義《ナチズム》のような運動が約束したことであった。これを法学的に操作主義的に定義したのがカール・シュミットであり、彼は同種性(*Artgleichheit*)、人種的同質性、あるいは指導者《フューラー》と人民との間の同一性の重要な役割を強調した。次を参照。Carl Schmitt, *Staat, Bewegung, Volk: Die Dreigliederung der politischen Einheit* (Hamburg: Hanseatische Verlagsgesellschaft, 1935)[初宿正典訳「国家・運動・民族——政治的統一体を構成する三要素」カール・シュミット／カール・シュルテス『ナチスとシュミット——三重国家と広域秩序』服部平治ほか訳、木鐸社、1976 年、7–81 頁].

(58) Nadia Urbinati, “A Revolt against Intermediary Bodies,” in *Constellations*, vol. 22 (2015), 477–486; and Nadia Urbinati, “Zwischen allgemeiner Anerkennung und Misstrauen,” in *Transit: Europäische Revue*, no. 44 (2013).

(59) Quoted in Diehl, “Populist Twist.”

(60) Beppe Grillo, Gianroberto Casaleggio, and Dario Fo, *5 Sterne: Über Demokratie, Italien und die Zukunft Europas*, trans. Christine Ammann, Antje Peter, and Walter Kögler (Stuttgart: Klett-Cotta, 2013), 107.

(61) Jonathan White and Lea Ypi, “On Partisan Political Justification,” in *American Political Science Review*, vol. 105 (2011), 381–396.

(62) Paul Lucardie and Gerrit Voerman, “Geert Wilders and the Party for Freedom in the Netherlands: A Political Entrepreneur in the Polder,” in Karsten Grabow and Florian Hartleb (eds.), *Exposing the Demagogues: Right-Wing and National Populist Parties in*

Europe, 187–203, http://www.kas.de/wf/doc/kas_35420-544-2-30.pdf?140519123322, accessed January 15, 2016. おそらく、ウィルデルスの完璧な統制にはプラグマティックな理由もある。彼は、ピム・フォルタインの政党が、フォルタインが2002年5月に暗殺されたあと、完全に分解していくさまを目撃している。次を参照せよ。Sarah L. de Lange and David Art, "Fortuyn versus Wilders: An Agency-Based Approach to Radical Right Party Building," in *West European Politics*, vol. 34(2011), 1229–1249.

(63) De Lange and Art, "Fortuyn versus Wilders," 1229–1249.

(64) Diehl, "Populist Twist."

(65) 実際、[イタリアの]北部同盟は一族のように組織され、[フランスの]国民戦線はひとつの家族によって率いられている(ジャン=マリ・ル・ペンの跡を継いだのが彼の娘マリーヌであり、いまマリーヌは彼女の姪のマリオンを宣伝している。現在、ル・ペン家の6人が党の候補者を務めている)。次を参照。Ulrike Guérot, "Marine Le Pen und die Metmorphose der französischen Republik," in *Leviathan*, vol. 43(2015), 139–174.

(66) Michael Saward, "The Representative Claim," in *Contemporary Political Theory*, vol. 5(2006), 297–318.

(67) Ibid., 298.

(68) Paulina Ochoa-Espejo, "Power to Whom? The People between Procedure and Populism," in Carlos de la Torre(ed.), *The Promise and Perils of Populism: Global Perspectives*(Lexington: University Press of Kentucky, 2015), 59–90.

(69) Rosenblum, *On the Side of the Angels*.

(70) Jürgen Habermas, *Faktizität und Geltung: Beiträge zur Diskurstheorie des Rechts und des demokratischen Rechtsstaats* (Frankfurt am Main: Suhrkamp, 1994), 607[ユルゲン・ハーバーマス著、河上倫逸・耳野健二訳『事実性と妥当性——法と民主的法治国家の討議理論にかんする研究』未來社、2002年].

(71) Benjamin Moffitt and Simon Tormey, "Rethinking Populism: Politics, Mediatisation and Political Style," in *Political Studies*, vol. 62(2014), 381–97.

(72) Robert S. Jansen, "Populist Mobilization: A New Theoretical

Approach to Populism," in *Sociological Theory*, vol. 29 (2011), 75–96.

(73) See Keith Hawkins, "Is Chávez Populist? Measuring Populist Discourse in Comparative Perspective," in *Comparative Political Studies*, vol. 42 (2009), 1040–1067; and more broadly the work of "Team Populism," available at https://populism.byu.edu/Pages/Home.aspx, accessed April 22, 2016.

第2章

(1) 有益な例外として、Daniele Albertazzi and Duncan McDonnell, *Populists in Power* (New York: Routledge, 2015).

(2) José Pedro Zúquete, "The Missionary Politics of Hugo Chávez," in *Latin American Politics and Society*, vol. 50 (2008), 91–121; here 105.

(3) Benjamin Moffitt, "How to Perform Crisis: A Model for Understanding the Key Role of Crisis in Contemporary Populism," in *Government and Opposition*, vol. 50 (2015), 189–217.

(4) Carlos de la Torre, *Populist Seduction in Latin America* (Athens: Ohio University Press, 2010), 188.

(5) これら全ての指導者たちが、スタイルや内容において全く同じだと言っているわけではない。とくにモラレスは、とりわけボリビア新憲法起草の際に、包摂的なアプローチを試みている。彼の「献身的な立憲主義」は、多くの新しい基本権(善き生活への権利や自然の権利を含む)を提供している。またモラレスは、ボリビアは「複数民族」の国家であると宣言し、以前は排除されていたマイノリティを承認しようとした。

(6) Bernard Manin, *The Principles of Representative Government* (New York: Cambridge University Press, 1997); and Jeffrey Edward Green, *The Eyes of the People: Democracy in an Age of Spectatorship* (New York: Oxford University Press, 2010).

(7) 大衆恩顧主義が民主主義の初期形態であるという議論については、次を参照。Francis Fukuyama, *Political Order and Political Decay* (New York: FSG, 2014).

(8) See Kurt Weyland, "The Threat from the Populist Left," in *Jour-*

nal of Democracy, vol. 24(2013), 18–32.

(9) ベネズエラの事例については次を参照。Sebastián L. Mazzuca, “The Rise of Rentier Populism,” in *Journal of Democracy*, vol. 24 (2013), 108–122.

(10) See Yolanda Valery, “Boliburguesía: Nueva clase venezolana,” http://www.bbc.com/mundo/economia/2009/12/091202_1045_venezuela_boliburguesia_wbm.shtml, accessed January 15, 2016.

(11) ポピュリストの体制は、ある特有のイメージに沿った社会のフォーマット化に絶えず取り組んでいる。オルバーンは、オーウェル風に響く「国民協力システム」を創り上げた。エルドアンは、社会にいる全員が自らの適切な場所(および自らの限界)を知らねばならないと、つねにトルコ人たちに忠告している。次を参照。H. Ertuğ Tombuş, “Erdoğan's Turkey: Beyond Legitimacy and Legality,” http://researchturkey.org/erdogans-turkey-beyond-legitimacy-andlegality, accessed January 15, 2016.

(12) Karin Priester, *Rechter und linker Populismus: Annäherung an ein Chamäleon*(Frankfurt am Main: Campus, 2012), 20.

(13) Carl Schmitt, *The Crisis of Parliamentary Democracy*, trans. Ellen Kennedy(Cambridge, MA: MIT Press, 1988), 16–17[カール・シュミット著、樋口陽一訳『現代議会主義の精神史的状況 他一篇』岩波文庫、2015 年].

(14) See “Viktor Orbán's Speech at the 14th Kötcse Civil Picnic,” http://www.kormany.hu/en/the-prime-minister/the-prime-minister-s-speeches/viktor-orban-s-speech-at-the-14th-kotcse-civil-picnic, accessed January 15, 2016.

(15) Wolfgang Merkel et al.(eds.), *Defekte Demokratien*, 2 vols.(Opladen: Leske + Budrich, 2003).

(16) 啓発的な例外として、次の FLJS policy brief を参照。Cristóbal Rovira Kaltwasser, *Populism vs. Constitutionalism?*, http://www.fljs.org/sites/www.fljs.org/files/publications/Kaltwasser.pdf, accessed June 16, 2015.

(17) この批判については次も参照。Corey Brettschneider, “Popular Constitutionalism Contra Populism,” in *Constitutional Commentary*, vol. 30(2015), 81–88. 合衆国における人民的立憲主義をめぐ

る議論について参照すべきは、いまなお次の著作である。Larry Kramer, *The People Themselves*(New York: Oxford University Press, 2004).

(18) その証左として、たとえば、エリザベス・ボーモントは次のように書いている。「わたしは恣意的であることを省みず、civic と popular という言葉を、普通の人びと(ordinary people)や市民(citizens)、あるいは非公務員(nonofficial)を大まかに意味する素人の言葉として、緩やかに、かつ互換的に使用している」。Elizabeth Beaumont, *The Civic Constitution: Civic Visions and Struggles in the Path toward Constitutional Democracy*(New York: Oxford University Press, 2014), 4. あるいは、あらゆる違いにもかかわらず、人民的立憲主義の擁護者は「ポピュリスト的感覚(populist sensibility)」を共有していると主張したトム・ドネリーの例もある――ここでの「ポピュリスト的感覚」とは、結局のところ「アメリカの人民(そして彼らが選んだ代表)が、同時代の憲法の意味を形成するにあたって継続的な役割を果たすべきだという共通の信念」に過ぎない。Tom Donnelly, “Making Popular Constitutionalism Work,” in *Wisconsin Law Review*(2012), 159–194; here 161–162.

(19) Richard D. Parker, “‘Here the People Rule’: A Constitutional Populist Manifesto,” in *Valparaiso University Law Review*, vol. 27 (1993), 531–584; here 532.

(20) Martin Loughlin, “The Constitutional Imagination,” in *Modern Law Review*, vol. 78(2015), 1–25.

(21) Bruce Ackerman, “Three Paths to Constitutionalism—And the Crisis of the European Union,” in *British Journal of Political Science*, vol. 45(2015), 705–714.

(22) 「外見だけの憲法(façade constitution)」という概念については、次を参照。Giovanni Sartori, “Constitutionalism: A Preliminary Discussion,” in *American Political Science Review*, vol. 56(1962), 853–864.

(23) Dan Edelstein, *The Terror of Natural Right: Republicanism, the Cult of Nature, and the French Revolution*(Chicago: University of Chicago Press, 2009).

(24) Renáta Uitz, “Can You Tell When an Illiberal Democracy Is in

the Making? An Appeal to Comparative Constitutional Scholarship from Hungary," in *International Journal of Constitutional Law*, vol. 13(2015), 279–300; here 286. ハンガリーの新憲法については、以下も参照。The special section on Hungary's illiberal turn in the *Journal of Democracy*, vol. 23(2012) and the collection edited by Gábor Attila Tóth, *Constitution for a Disunited Nation: On Hungary's 2011 Fundamental Law*(Budapest: CEU Press, 2012).

(25) Quoted in Agnes Batory, "Populists in Government? Hungary's 'System of National Cooperation,'" in *Democratization*, vol. 23 (2016), 283–303.

(26) Uitz, "Can You Tell When an Illiberal Democracy Is in the Making?"

(27) Dieter Grimm, "Types of Constitutions," in Michel Rosenfeld and András Sajó(eds.), *The Oxford Handbook of Comparative Constitutional Law*(New York: Oxford University Press, 2012), 98–132.

(28) とくに Roberto Viciano Pastor と Rubén Martínez Dalmau の研究を参照せよ。少し前のコロンビアの事例[1991 年制定]は、好意的な観察者がラテンアメリカ新立憲主義(*nuevo constitucionalismo latinoamericano*)と呼ぶ事例のひとつとは言い難い。

(29) David Landau, "Abusive Constitutionalism," in *University of California Davis Law Review*, vol. 47(2013), 189–260; here 213.

(30) "Ein Schritt in Richtung Demokratie," in *Frankfurter Allgemeine Zeitung*, January 5, 2016, http://www.faz.net/aktuell/politik/ausland/amerika/parlament-in-venezuela-tritt-mit-oppositioneller-mehrheit-zusammen-13999306.html, accessed 15 January 2016.

(31) Ibid.

(32) Bryan Garsten, "Representative Government and Popular Sovereignty," in Ian Shapiro, Susan C. Stokes, Elisabeth Jean Wood, and Alexander S. Kirshner(eds.), *Political Representation*(New York: Cambridge University Press, 2009), 90–110; here 91.

(33) Christoph Möllers, *Demokratie: Zumutungen und Versprechen* (Berlin: Wagenbach, 2008), 33–34.

(34) Gilbert Achcar, *The People Want: A Radical Exploration of the*

Arab Uprising(Berkeley: University of California Press, 2013), 1.

(35) Ernesto Laclau, *On Populist Reason*(London: Verso, 2005). ラクラウは次のように主張する。「政治的なるものの可能性の条件とポピュリズムの可能性の条件が同じであることを理解するのは……たやすい。どちらも社会的分断を前提にしている。そして、いずれにおいても、われわれは両義的なデモスを見出すことができ、それは、一方では共同体内の一部分(社会的不正の敗北者(underdog))であり、他方では敵対的な(antagonistic)手法で、共同体全体として自らを提示する行為者である」。ラクラウの次の論考を参照せよ。“Populism: What's in a Name?,” in *Populism and the Mirror of Democracy*(London: Verso, 2005), 32–49; here 48.

(36) 以下については次を参照。Jason Frank, *Constituent Moments: Enacting the People in Postrevolutionary America*(Durham: Duke University Press, 2010).

(37) Garsten, “Representative Government.”

(38) Claude Lefort, *The Political Forms of Modern Society: Bureaucracy, Democracy, Totalitarianism*, ed. John B. Thompson(Cambridge, MA: MIT Press, 1986), 303–304.

(39) Pierre Rosanvallon, “Revolutionary Democracy,” in Pierre Rosanvallon, *Democracy Past and Future*, ed. Samuel Moyn(New York: Columbia University Press, 2006), 83–84.

(40) Quoted in Frank, *Constituent Moments*, 2. 歴史家のダニエル・T. ロジャーズは正しくも次のように述べている。「人民という言葉の来歴を追うことは、人びとがひとつの言葉に驚くべき意味を付与し、そののち他の主張者たちに対してそれを擁護できなくなったとき、その帰結から逃げ出すのを観察することである」(Quoted in ibid., 3)。

(41) Quoted in Reinhart Koselleck, “Volk, Nation, Nationalismus, Masse,” in *Geschichtliche Grundbegriffe*, vol. 7, eds. Otto Brunner, Werner Conze, and Reinhart Koselleck(Stuttgart: Klett-Cotta, 1992), 141–431; here 148. 「ビスマルクは、人民の概念から直ちに推論できる、ある種のイデオロギー批判を述べたのである」とコゼレクはそっけなく記している。

(42) Sheldon Wolin, “Transgression, Equality, Voice,” in Josiah Ober

and Charles Hedrick (eds.), *Demokratia: A Conversation on Democracies, Ancient and Modern* (Princeton, NJ: Princeton University Press, 1996), 63–90; here 80.

(43) Rosanvallon, "Revolutionary Democracy," 91.

(44) フェミニズムの第一波と第二波の相違を想起せよ。

(45) "Mir geht es um Respekt," in *Die tageszeitung*, September 7, 2013, http://www.taz.de/!5059703, accessed January 2016.

(46) ハンガリーとエジプトの事例に関するきわめて啓発的な比較として次を参照。Gábor Halmai, "Guys with Guns versus Guys with Reports: Egyptian and Hungarian Comparisons," *Verfassungsblog*, July 15, 2013, http://www.verfassungsblog.de/de/egypt-hungary-halmaiconstitution-coup, accessed November 13, 2013.

(47) 同様のことはウクライナにも当てはまる。マイダン抗議は、真のウクライナとは何かといったアイデンティティをめぐる諸主張の争いとなったからである。この点について議論してくれたバラージュ・トレンチェーニ(Balázs Trencsényi)に感謝する。

第3章

(1) Christopher H. Achen and Larry M. Bartels, *Democracy for Realists* (Princeton, NJ: Princeton University Press, 2016).

(2) Josiah Ober, "The Original Meaning of Democracy," in *Constellations*, vol. 15 (2008), 3–9. 女性や奴隷や外国人居住者(metics)の排除といったお決まりの点について念を押しておく必要はないだろう。

(3) Peter Mair, *Ruling the Void: The Hollowing of Western Democracy* (New York: Verso, 2013).

(4) Cristóbal Rovira Kaltwasser, "The Responses of Populism to Dahl's Democratic Dilemmas," in *Political Studies*, vol. 62 (2014), 470–487.

(5) Paulina Ochoa Espejo, *The Time of Popular Sovereignty: Process and the Democratic State* (University Park: Penn State University Press, 2011).

(6) たとえば次を参照。Robert B. Talisse, "Does Value Pluralism Entail Liberalism?," in *Journal of Moral Philosophy*, vol. 7 (2010), 302–320.

(7)　ここでは、合理的な多元主義を認めなければならないという、公共的理性の制限に関するロールズの理論の特性は考慮に入れていない。John Rawls, "The Idea of Public Reason Revisited," in *The Law of Peoples*(Cambridge, MA: Harvard University Press, 1999), 129–80［ジョン・ロールズ著、中山竜一訳『万民の法』岩波書店、2006 年］.

(8)　Quoted in Michael Kazin, *The Populist Persuasion: An American History*(Ithaca: Cornell University Press, 1998), 233.

(9)　Kazin, *Populist Persuasion*, 241.

(10)　John Keane, *The Life and Death of Democracy*(New York: Norton, 2009), 277［ジョン・キーン著、森本醇訳『デモクラシーの生と死』上下巻、みすず書房、2013 年］.

(11)　次の書は、とりわけこれらの人民的な諸要素を強調している。Akhil Reed Amar, *America's Constitution: A Biography*(New York: Random House, 2006).

(12)　ティム・ハウエンによれば、「ポピュリスト的(populistic)」という語は、1896 年の『ネイション(*The Nation*)』誌の一記事によって造り出された。次を参照。Tim Houwen, "The Non-European Roots of the Concept of Populism"(working paper no. 120, Sussex European Institute, 2011).

(13)　Keane, *Life and Death*, 340.

(14)　Quoted in Margaret Canovan, *Populism*(New York: Harcourt Brace Jovanovich, 1981), 33.

(15)　Ibid., 51, 52.

(16)　Richard Hofstadter, *The Paranoid Style in American Politics*(New York: Vintage, 2008).

(17)　Quoted in Kazin, *Populist Persuasion*, 10.

(18)　Charles Postel, *The Populist Vision*(New York: Oxford University Press, 2007).

(19)　次の書でブルース・アッカーマンは、挫折した立憲的モーメントと述べている。Bruce Ackerman, *We the People: Foundations*(Cambridge, MA: Harvard University Press, 1993), 83–84.

(20)　C. Vann Woodward, "The Populist Heritage and the Intellectual," in *The American Scholar*, vol. 29(1959–60), 55.

(21) Pippa Norris, "It's Not Just Trump," *Washington Post*, March 11, 2016, https://www.washingtonpost.com/news/monkey-cage/wp/2016/03/11/its-not-just-trump-authoritarian-populism-is-risingacross-the-west-heres-why, accessed April 22, 2016.

(22) Martin Gilens, *Affluence and Influence: Economic Inequality and Political Power in America*(Princeton, NJ: Princeton University Press, 2014).

(23) Hanspeter Kriesi, Edgar Grande, Romain Lachat, Martin Dolezal, Simon Bornschier, and Timotheos Frey, "Globalization and the Transformation of the National Political Space: Six European Countries Compared," in *European Journal of Political Research*, vol. 45(2006), 921–956.

(24) この議論について、わたしは次の書で幅広く論じた。*Contesting Democracy: Political Ideas in Twentieth-Century Europe*(London: Yale University Press, 2011)[ヤン＝ヴェルナー・ミュラー著、板橋拓己・田口晃監訳、五十嵐美香・五十嵐元道・川嶋周一・佐藤貴史・福田宏訳『試される民主主義――20世紀ヨーロッパの政治思想(上・下)』岩波書店、2019年].

(25) 尊厳(dignity)――自由(freedom)ではなく――が、戦後憲法の支配的な価値であると付け加えられるかもしれない。

(26) とすると、「抑制された民主主義」が、「誘導された(guided)」あるいは「不完全な(defective)」民主主義とどう異なるのか疑問に思われるかもしれない。答えは、前者においては、権力の保持者に関して真の変化が可能であり、全ての抑制は民主主義を強化するという点で究極的に正当化されるが、後者においては、真の変化が許されていない、というものである。

(27) Nadia Urbinati, "Zwischen allgemeiner Anerkennung und Misstrauen," in *Transit: Europäische Revue*, no. 44(2013).

(28) Chris Bickerton and Carlo Invernizzi, "Populism and Technocracy: Opposites or Complements?," in *Critical Review of International Social and Political Philosophy*(2015), http://www.tandfonline.com/doi/abs/10.1080/13698230.2014.995504, accessed April 28, 2016.

(29) たとえば次を参照せよ。Catherine Fieschi, "A Plague on Both

Your Populisms!," *Open Democracy*, April 19, 2012, http://www.opendemocracy.net/catherine-fieschi/plague-on-both-your-populisms, accessed March 13, 2014.

(30) Wolfgang Streeck, *Gekaufte Zeit* (Berlin: Suhrkamp, 2013)［ヴォルフガング・シュトレーク著、鈴木直訳『時間かせぎの資本主義——いつまで危機を先送りできるか』みすず書房、2016年］.